Dr. Eligio Stephen Gallegos

Indianisches Chakra-Heilen

Aus dem Amerikanischen von
Antoinette Gittinger

VERLAG PETER ERD · MÜNCHEN

Die amerikanische Originalausgabe erschien 1987 unter dem Titel *The Personal Totem Pole* bei Moon Bear Press, Santa Fe, USA

Die Deutsche Bibliothek – CIP-Einheitsaufnahme

Dr. Gallegos, Eligio Stephen:
Indianisches Chakra-Heilen / Dr. Eligio Stephen Gallegos. Aus dem Amerikan. von Antoinette Gittinger. – München: Erd, 1991
Einheitssacht.: The personal totem pole <dt.>
ISBN 3-8138-0217-5

Umschlaggestaltung: Design-Studio Augsburg
Titelfoto: Rainer Binder photo-conceptions
Foto Rückseite: Philip B. Welch
Aus dem Amerikanischen übertragen von Antoinette Gittinger
Redaktionelle Bearbeitung: Clothilde Zintl-Larro und William Larro
Lektorat: Hans Freundl

Satz: Digital Satz und Druck GmbH, Schrobenhausen
Druck und Verarbeitung: Presse Druck Augsburg
Printed in Germany
ISBN 3-8138-0217-5

Inhalt

Vorwort zur zweiten Auflage

1987 erschien die Erstausgabe dieses Buches (im Original: *The Personal Totem Pole*). Seither fand die Persönliche Totempfahl-Methode immer stärkeren Anklang. Viele Psychotherapeuten lernten den Wert, die Genauigkeit und die Wirksamkeit kennen, mit denen die Chakra-Tiere die Heilung und Entwicklung leiten. Physiotherapeuten lernten die Methode als Ergänzung ihrer eigenen Arbeit schätzen. Künstler sehen darin eine Förderung ihrer eigenen Kreativität. Und allgemein haben die Menschen in ihr eine Dimension ihres eigenen Ichs erkannt, die tiefes Wissen besitzt und sie von innen her leitet und unterstützt.

Am Hartford Family Institute wird die Persönliche Totempfahl-Methode im Rahmen der Bioenergetik und der Gestalt-Therapie von Stuart Alpert und Naomi Bressette gelehrt. Margaret Vasington hat sie erfolgreich in einem Staatsgefängnis angewandt. Demnächst erscheint hierüber ein Buch von ihr. Margaret hat die Methode auch Therapeuten in Irland nahegebracht und führt dort zur Zeit Seminare durch. Dr. Rene Pelleya wendet die Methode bei der Drogen- und Alkoholentziehungskur am Mount Sinai Hospital in Miami an. Bill Plotkin und ich haben die Methode als bedeutendes Element der Visualisierung am Animas Valley Institute and Returning to Earth Institute angewandt.

Eine vierteljährlich erscheinende Zeitschrift, *The Totem Pole*, informiert über Ereignisse und Entwicklungen in der Tier-Visualisierung und ähnlichen Bereichen und wird von Rhonda Lunsford und Nancy Zastrow herausgegeben. Das erste Mal erschien sie Anfang 1990. Zur Zeit werden von Kollegen mehrere Buch-Manuskripte über die Totempfahl-Methode fertiggestellt.

Außerdem werden zur Zeit mehrere Kassetten zusammengestellt. Diese werden nicht als Ausgangspunkt für das Erlernen der Methode angesehen, sondern sind für diejenigen gedacht, die bereits Erfahrung damit gesammelt haben. Sie sollen ihnen bei ihrer Arbeit weiterhelfen, wenn kein anderer Führer vorhanden ist.

Die letzten beiden Jahre habe ich mich fast ausschließlich darauf spezialisiert, andere Menschen in dieser Methode zu unterweisen. Dies erfolgte in Palo Alto und Big Bear Lake, Kalifornien, West Hartford, Connecticut, Miami, Florida, Boston, Massachusetts, Lavalette, New Jersey, Santa Fe, New Mexico und Long Island, New York. Informationen über das Training und die Zeitschrift sind im Anhang zu finden.

Noch vor dreißig Jahren wurde der Gang zum Psychotherapeuten als letzter Ausweg gesehen. Man schämte sich, wenn man einen Therapeuten aufsuchen mußte und hielt dies geheim. Heutzutage wird die Psychotherapie als eine heilsame Methode angesehen, und die Grenzen zwischen Therapie und der Ausschöpfung des schöpferischen individuellen Potentials sind fließend. Viele Menschen sind daran interessiert, als Therapeuten zu arbeiten. Viele sehen ihre Hauptaufgabe darin, anderen bei ihrer Entwicklung zu helfen. Die körperliche, seelische und geistige Entwicklung stellt einen natürlichen Vorgang dar, der von innen her beginnt und erfolgreich zu Ende geführt werden kann, wenn keine traumatischen oder sonstigen störenden Ereignisse eintreten, die die Energie dafür verbrauchen. Doch in der heutigen Gesellschaft sind Traumata nichts Ungewöhnliches mehr, so daß wir aufgehört haben, sie alle wahrzunehmen. Alice Millers großartige Bücher decken einige der eher verborgenen Aspekte der durch die Gesellschaft hervorgerufenen Traumata auf. Durch die Therapie können sie geheilt werden, und der Mensch kann sich weiterentwickeln. Natürlich ist keine Entwicklung möglich, wenn nicht unser ganzes Ich daran beteiligt ist. Das Ziel der Entwicklung ist aber auch, diese Ganzheit zu erreichen. Die geführte Visualisierung im allgemeinen und die Persönliche Totempfahl-Methode im besonderen entfalten ihre heilende Wirkung und unterstützen die Weiterentwicklung eines Menschen.

In unserer Gesellschaft wurde die Visualisierung nie systematisch als Instrument benutzt, um ein Verständnis für unsere Welt zu entwickeln, doch diese Methode besitzt den gleichen

Wert wie andere wissenschaftliche Methoden. Wir haben bisher nur an die Oberfläche unseres geistigen Potentials gerührt, um unserem Leben die Fülle und den Reichtum zu geben, die ihr eigentliches Erbe sind. Ich hoffe, dieses Buch kann uns eine Tür zu dieser Dimension unseres Ichs öffnen.

Eligio Stephen Gallegos
Santa Fe, New Mexico
im März 1990

I

T-Shirts und Totempfähle

1979 gab ich die Position als Professor für Psychologie, die ich zwölf Jahre lang an einer kleinen Universität bekleidet hatte, auf und zog zur Westküste, um die Arbeit als Facharzt für Psychotherapie aufzunehmen.

Während meiner Dozentenzeit hatte ich mich immer mehr für die Funktion der geistigen Bilder beim Wachstum und der Entwicklung des Menschen interessiert und für die Anwendung der unter Anleitung vermittelten geistigen Bilder oder die Visualisierung bei der Therapie. Dieses Interesse rührte ursprünglich von den intensiven Langträumen her, die ich seit meiner Kindheit hatte und deren Funktion in meinem Leben ich nicht erkennen konnte. Dies bewog mich, eine Untersuchung der Träume anzustellen – nur wenige Leute hatten sich je intensiv damit beschäftigt – und mehrere Kurse über die Traumpsychologie abzuhalten.

Ich beschäftigte mich mit den hervorragenden Werken C. G. Jungs und wurde auf zwei Bücher aufmerksam, die ganz besonders mein Interesse für die geistigen Bilder weckten. Eines davon war James Hillmans bemerkenswertes Buch *Re-Visioning Psychology,* eine Sammlung seiner 1972 an der Universität von Yale gehaltenen Vorlesungen. In brillantem Stil vertritt er die These, daß die Grundfunktion des Geistes darin besteht, die Welt zu beleben, indem er allem, was existiert, Leben, Stimme und Bewußtsein verleiht, so daß wir vernehmen können, was uns die Welt um uns herum zu sagen hat und wir die Welt *aus der Perspektive jedes Elements dieser Welt* erleben können. Dies ermöglicht es den innersten Elementen unseres Selbst, mit Stimme und Bewußtsein teilzunehmen, indem wir unsere Beziehung zu der Welt um uns herum und ihre Beziehung zu uns artikulieren, und uns von der Verantwortung lösen, anzunehmen, daß die Stimme und das Bewußtsein eng mit dieser bestimmten Identität verbunden sind, die ich als mein Selbst bezeichne.

Das andere Buch war Mary Watkins *Waking Dreams,* eine Doktorarbeit, in der die Autorin versuchte, ihre eigenen geistigen Bilder zu verstehen. Mary Watkins zeigt die Anwendung der geistigen Bilder quer durch die Geschichte auf. Dieses Buch beeindruckte mich sehr, und es half mir, nicht nur zu verstehen, wie wenig wir über geistige Bilder wissen, sondern auch, wie wir *als Kultur* ganz bewußt die geistigen Bilder unterdrückt haben: Wir schmähten sie, verleugneten sie und lehrten, daß sie wenig mit der »wirklichen Welt« zu tun hätten.

Als ich im *APA-Monitor* eine Anzeige für eine Stelle als Facharzt für Humanistische und Holistische Psychotherapie in Oregon las, verfaßte ich sofort einen Brief, in dem ich mein Interesse bekundete. Ich war überrascht, als ich nur eine Woche später per Telefon die Stelle angeboten bekam. Ohne zu zögern sagte ich zu.

Kurz nach meiner Ankunft an der Westküste inspizierte ich die vielen Entwicklungs- und Trainings-Workshops und verbrachte eine Woche in dem berühmten Esalen Institute, dem Wachstums-Center, das Michael Murphy in den sechziger Jahren gegründet hatte. Murphy war ein Pionier auf diesem Gebiet.

Ich wählte einen Radix-Workshop, ein System, das versucht, das Individuum auf die Wurzel (auf Latein: radix) der Gefühle, des Geistes und des Körpers zu bringen. Ich fand den Workshop informativ und nützlich, auch wenn die bei diesem Vorgang entstandenen geistigen Bilder minimal waren.

Die Atmosphäre in Esalen war sehr angenehm. Hier standen Entwicklung, Integration und Gesamtheit im Mittelpunkt des Interesses. Die anwesenden Personen sahen gesund, vital und kräftig aus. Hier waren sie aufgeschlossen, empfindsam und aufnahmefähig. Hier wurde die Entwicklung zur höchsten Menschlichkeit als die wichtigste Reise nach innen betrachtet.

Als die Woche sich dem Ende näherte, wollte ich ein T-Shirt als Erinnerung an meinen anregenden Aufenthalt in Esalen kaufen. Leider gab es keines in meiner Größe. Also überlegte ich, daß ich in San Francisco eines kaufen könnte. In San Francisco fand ich keines, das einen dem Anlaß entsprechenden Aufdruck hatte, ja, ich konnte überhaupt kein T-Shirt finden, das mir gefiel. Sie alle schienen nur die höchst unästhetischen Aufdrukke von Rockbands oder Fußballteams zu haben, und das hatte wenig mit Esalen zu tun.

Ich setze meine Suche nach einem passenden T-Shirt fort und sah mich gezwungen zuzugeben, daß sich dies als äußerst schwierig erwies. Völlig frustriert kaufte ich schließlich weiße T-Shirts und Buntstifte, um meine eigene Erinnerung an meinen Aufenthalt in Esalen festzuhalten.

Mein erster Versuch war recht primitiv. Ich verwendete die Logotype von Bollingen Press: vier Kreise, die anscheinend von einem einzigen Punkt in der Mitte ausgingen. Ich benutzte die Farbe schwarz und entwickelte dabei ein Gefühl für Farben und das Material. Mein zweiter Entwurf entstand anhand der Abbildung eines afrikanischen Eingeborenenschilds. Dazu verwendete ich die Farben Rot und Blau. Von nun an wurden meine Entwürfe immer detaillierter und komplexer, und bald fertigte ich Zeichnungen an, die von den Indianern der Nordwestküste stammten.

Diese Indianer, die Nootka, Haida, Kwakiutl, Tsimshian und Coast Salish sind hauptsächlich als Schnitzer von Totempfählen bekannt geworden. Sie sind vermutlich die größten Holzschnitzer in der Menschheitsgeschichte. Die Zeichnungen, die ich für meine T-Shirts benutzte, waren Malereien, mit denen sie die Front ihrer Häuser verziert hatten, und Schnitzereien auf Truhen oder Argyllit-Platten.

Seit langem faszinierten mich diese Malereien, ohne daß ich wußte, weshalb, und als ich damit arbeitete, fing ich an, sie besser zu verstehen und tiefer in sie einzudringen. Die Muster sind bemerkenswert komplex und hoch stilisiert. Sie symbolisieren Tiere und enthalten häufig eine Menge von Elementen, die einige zeitgenössische Künstler *ovoids* nennen (Stewart, 1979). Diese sind oval oder rund oder quadratisch mit abgerundeten Kanten, und durchziehen anscheinend das ganze Bild, die Handflächen und Fußsohlen, die Ohren, die Augen, den Bauch, die Ellbogen und Kniekehlen. Manchmal bezeichnet man sie als »Lückenfüller«, als ob dies ihre Hauptfunktion wäre.

Als ich mich näher mit diesen Malereien beschäftigte, erkannte ich plötzlich, daß diese *ovoids* tatsächlich Augen waren, und daß jedes Tier, das von diesen frühen Künstlern charakterisiert wurde, voller Augen ist. Es ist ein Tier, das sich seiner Welt völlig bewußt ist; ein Tier, das nicht nur mit seinen Augen sieht, sondern auch mit seinen Händen und Füßen, seinen Ohren, all seine Gelenken, seinem Herzen, seinem Bauch und seiner Leiste. Diese Künstler stellten die *völlige Bewußtheit* dar. Um dies zu entdecken, braucht man die Welt nur aus der Perspektive dieses Tiers zu sehen, indem man sich selbst als dieses Tier sieht und an dieser Erfahrung teilnimmt.

Ein weiteres faszinierendes Element war bei diesen Malereien zu erkennen: Jedes Tier enthielt weitere kleinere Tiere.

Als ich meine T-Shirts in der warmen Jahreszeit trug, wurden sie von meinen Freunden und Kollegen bewundert, und ich schenkte einige davon zu bestimmten Anlässen her.

Eines Tages sagte eine Patientin, die ich noch nicht lange kannte, zu mir: »Ich habe ein Muster, das Sie vielleicht für eines Ihrer T-Shirts interessieren dürfte.«

Ich dankte ihr für das Angebot, obwohl ich nicht wußte, worum es sich handelte, und vergaß das Ganze.

Zu Beginn unserer nächsten Sitzung reichte sie mir eine Papiertüte, und ich fragte sie, was das sei, denn es sah aus wie ein Lunchpaket. Sie erklärte mir, es sei das besagte Muster für eines meiner T-Shirts. Ich warf einen Blick in die Tüte und sah einen mit hellorangefarbenen und schwarzen Perlen verzierten Anhänger. Sie sagte, ich könne ihn eine Zeitlang behalten. Ich dankte ihr und legte die Tüte auf meinen Schreibtisch.

Spätnachmittags, als ich mich anschickte, das Büro zu verlassen, fiel mein Blick wieder auf die Papiertüte, und mein erster Gedanke war seltsamerweise, daß jemand sein Lunchpaket vergessen hatte. Als ich in die Tüte schaute, war ich überrascht, den Anhänger zu sehen.

Zu Hause betrachtete ich ihn näher. Es war ein langer, mit Perlen verzierter Halsbund mit einem kreisförmigen Anhänger, der einen Durchmesser von ca. 8 cm hatte. Das Muster war eigenartig, da es nicht symmetrisch war, und ich konnte mich nicht erinnern, je einen indianischen Anhänger gesehen zu haben, der nicht symmetrisch war. Außerdem konnte ich nicht erkennen, was er darstellen sollte. Ich studierte ihn von allen Seiten und zeigte ihn meiner Frau; das Muster schien einen bestimmten Gegenstand darzustellen, doch keiner von uns beiden konnte ihn identifizieren.

Der Anhänger weckte meine Neugier, und ich legte ihn neben meine Schreibmaschine, wo ich ihn täglich betrachtete. Es war wie eine optische Illusion, die keine Gestalt annahm und die man ständig anstarrt und nicht weiß, was man tun kann, um sie in den passenden Blickwinkel zu rücken.

Dann plötzlich war es da! Ein Adler mit himmelwärts gerichteten Flügeln, der aus der Sonne herausflog. Es war so eindeutig, daß ich nicht begreifen konnte, daß ich dies nicht früher erkannt hatte.

Ich machte eine große Skizze davon und überlegte, woher er wohl stammen mochte. Bei unserer nächsten Sitzung gab ich den Anhänger meiner Patientin zurück und bat sie um nähere Information darüber.

Sie hatte in einem Indianerreservat gelebt, und als sie es verlassen wollte, hatte ihr der Medizinmann den Anhänger geschenkt und ihr erklärt, er habe ihn speziell für sie gemacht und sie müsse ihn mitnehmen. Seit damals hatte sie ihn gehabt. Ich fragte sie, ob er eine Bedeutung für sie habe, und sie sagte, er sei eines ihrer wertvollsten Besitztümer. Dies überraschte mich, weil sie ihn mir so achtlos in einer Papiertüte gebracht und überlassen hatte. Mehr konnte sie mir nicht darüber sagen.

Während unserer Sitzung an diesem Tag leitete ich sie durch eine Visualisierung, die häufig in der Psychosynthese angewandt wird. Darin wird eine Person zu einem Pfad geleitet, der zu einer Höhle in einem Berg führt. Tief im Innern befindet sich dort eine hell erleuchtete Kammer, wo ein weises altes Wesen sitzt, jemand, mit dem man über die wichtigen Aspekte seines Lebens und seiner Entwicklung reden kann. Dieses Wesen stellt das höhere Selbst dar (Miller, 1978).

Meine Patientin ging anfangs durch einen Wald. Nachdem sie etwas herumgesucht hatte, fand sie einen Pfad, der aus dem Wald herausführte, hin zum Berg. Sie sagte zu mir: »Da vorne biegt der Pfad scharf nach rechts ab, und ich kann an der Stelle, wo er abbiegt, etwas sehen, doch ich weiß nicht, was es ist.«

Ich bat sie, den Pfad weiterzugehen und gab zu verstehen, sie würde dieses Etwas beim Näherkommen erkennen.

Sie fuhr fort: »Oh, es ist ein Totempfahl, auf dem mehrere Tiere eingeschnitzt sind. Ich kann sehen, daß das oberste Tier ein Adler ist, und da sitzt noch ein Tier rechts darunter, aber ich kann nicht erkennen, was es ist. Das nächste ist ein Bär, und da sind noch andere Tiere unter dem Bär, doch ich kann sie nicht deutlich genug erkennen.«

Sie ging den gewundenen Pfad weiter, bis sie die Höhle im Berg erreichte. Sie trat ein und begegnete einem weisen alten Wesen, das in der Mitte einer großen Kammer saß. Sie führten eine lange Unterhaltung, und als sie damit fertig waren, war auch unsere Sitzung beendet.

Sie ging und nahm den Anhänger mit. Obwohl wir für die nächste Woche eine Sitzung anberaumt hatten, sah ich die Frau nie wieder.

Später an diesem Tag, als ich in den Hügeln über der Stadt joggte, ging mir das Ganze nochmals durch den Kopf. Ich dachte an den Totempfahl und die scharfe Biegung auf dem Pfad. Plötzlich begriff ich, daß ich dieser Totempfahl war und ein Wegweiser an einem Wendepunkt auf dem Lebensweg meiner Patientin.

Mir wurde auch blitzartig bewußt, daß der Bär mein Herz war und der Adler mein Kopf, und ich konnte sie an dieser Stelle in meinem Körper sehen und fühlen. Als ich weiterlief, wurde mir klar, daß diese beiden Tiere in gewisser Weise auch meine vierten und sechsten Chakras darstellten. Ich fragte mich, was für andere Chakra-Tiere ich wohl habe.

Als ich mich weiter in meinen Körper versenkte, konnte ich klar erkennen, daß mein Kehlkopf-Tier ein geflügeltes weißes Pferd war; in meinem Solarplexus war ein Hirsch, in meinem Bauch ein Wal, und mein Grundtier war ein Kaninchen. Ich war so fasziniert davon und von der passenden Plazierung der Tiere an diesen Körperstellen, daß ich anfing, diesen Vorgang bei meinen Patienten und Freunden zu erforschen.

2
Chakras und Tiere

Ich wußte nur deshalb über Chakras Bescheid, weil ich mit einer sensiblen und geschickten Therapeutin namens Ma Prem Mala an veschiedenen Gruppen-Therapiesitzungen teilgenommen hatte. Sie war vor kurzem aus Indien zurückgekehrt, wo sie studiert hatte.

Sie war die erste Therapeutin, die ich kannte, die ihren Patienten durchwegs bei jeder Sitzung zu dem Gefühl einer Vollendung verhalf. Ihrer Beschreibung nach stimmte sie sich auf die Stelle ein, wo die Energie zu finden war, und war bereit, alles Nötige zu unternehmen, damit die Energie zu einem neuen Stabilisierungspunkt wanderte.

Mala lehrte mich, daß es an verschiedenen Körperstellen Energiekonzentrationen gibt. Es gibt sieben dieser Kraftzentren in der Körpermittellinie, und jedes Zentrum steht in Zusammenhang mit bestimmten emotionalen, psychologischen Funktionen oder Handlungsabläufen.

Mala war in der Lage, bei Menschen diese Kraftzentren zu entdecken und zu bestimmen, wie es mit deren Energie stand. Sie nannte diese Zentren *Chakras,* ein Ausdruck aus dem Sanskrit, der »Rad« bedeutet. In dieser uralten Sicht besteht der Mensch aus verschiedenen Energie»rädern«. Beim gesunden Menschen müßte jedes Chakra offen und durchsichtig sein, die Energie müßte frei fließen können. Wenn ein Chakra blockiert ist, ist die entsprechende Person unfähig, die Energie in diesem Bereich effizient zu nutzen, empfindet eine bestimmte Schwäche oder fühlt sich sogar krank. Damit ein Mensch sich physisch und psychisch gesund fühlt, muß jedes Chakra offen und in der Lage sein, Energie zu verströmen. Und jedes Chakra ist einem charakteristischen Aspekt des Lebens zugeordnet.

Sie lehrte mich, daß sich das erste Zentrum am Ende der Wirbelsäule befindet, in der Mitte des Perineums. Wenn es gesund ist, empfindet der Mensch ein starkes Gefühl der Sicherheit und hat ein gesundes Verhältnis zur Erde und zur Natur.

Das zweite liegt direkt unter dem Nabel, in dem Bereich, den die Japaner »hara« und wir Bauch nennen. Es ist die Zone der Leidenschaften und Emotionen. Wenn sie voll funktionsfähig ist, ist sich der Mensch seiner Gefühle voll bewußt und bringt diese zum Ausdruck.

Das dritte liegt im Solarplexus und bezieht sich auf die persönliche Kraft eines Menschen. Darunter versteht man nicht die Kraft, wie sie im Westen gesehen wird, das heißt, stark maskulin betont wie Kontrolle, Gewalt oder Zwang, sondern die Kraft, eindeutig, überlegt und wirksam zu handeln.

Das vierte liegt im Herzen und beinhaltet Liebe, Mitleid und Gesellschaftsfähigkeit.

Das fünfte liegt im Kehlkopf und ist das Kraftzentrum für Verständigung und Ausdrucksfähigkeit.

Das sechste liegt in der Stirn und wird manchmal als »drittes Auge« bezeichnet. Es ist die Region des Intellekts und der Intuition.

Das siebte, das sich auf dem Scheitel befindet, bezieht sich auf das Verhältnis des Menschen zu seinem Geist.

Anfangs fiel es mir als Abendländer schwer, dies zu begreifen, da ich auf wissenschaftliche Methoden und Behaviorismus trainiert war. Wenn ein Mensch des Westens mit den Chakras vertraut gemacht wird, sucht er als erstes nach der strukturellen Untermauerung. »Was ist es *in Wirklichkeit?«* Wir suchen nach zugrundeliegenden Nervengeflechten oder Drüsen; nach etwas Sachlichem, das uns vertraut ist. Doch Tatsache ist, daß das Chakra-System auf einer speziellen, *subjektiven* Erforschung des Körpers basiert. Diese Energien sind für jene, die das erforderliche Training absolviert haben, mit der Wahrnehmung greifbar. Es fiel mir sehr schwer, mir diese Auffassung anzueignen. Bis ich den Tieren begegnete.

Als ich an diesem Abend joggte und zum ersten Mal meinen Chakra-Tieren begegnete, waren mehrere Dinge wichtig oder wurden später bedeutsam. Erstens gab es kein Geist-Tier (im Scheitel-Chakra), obwohl ich dies zu dem Zeitpunkt noch gar nicht wahrnahm. Es war eindeutig, daß mein Kopfchakra oder mein drittes Auge ein Adler war und mein Herz ein Bär. Das waren die einzigen beiden Tiere, die meine Patientin auf dem Totempfahl am Wendepunkt ihres Weges deutlich erkannt hatte, und der Adler war eindeutig das oberste Tier. Deshalb behandelte ich in meiner daran anschließenden Arbeit nur die ersten sechs Chakras, und ein Jahr lang suchte ich das Geist-Tier weder in mir noch in den Patienten, mit denen ich arbeitete. Dies wird in Kapitel 8 noch näher erläutert.

Zweitens waren alle meine Tiere voller Kraft, mit Ausnahme meines Grundtiers, dem Hasen. Ich amüsierte mich, denn ich hatte beim Joggen das Gefühl, daß mich meine langen Hasenläufe vorantrieben. Doch ich wußte auch, daß der Hase ein relativ schwaches und scheues Tier ist. Und er war eindeutig das kleinste meiner Tiere. Der Gedanke, daß ich scheu sein könnte, gefiel mir nicht, doch ich mußte mir eingestehen, daß ich es tatsächlich lange gewesen war und versucht hatte, es zu verbergen.

In den nächsten Tagen setzte ich mich intensiv mit der Tatsache auseinander, daß ich, obwohl ich mich ernsthaft darum bemüht hatte, an mir zu arbeiten, unsicher war und, kein Selbstwertgefühl hatte, das eng mit der Natur verknüpft war. Ich erkannte in aller Schärfe, daß ich isoliert war, nicht stark gefestigt, nicht verwurzelt.

Ich hatte mir über das Chakra-System Gedanken gemacht und mir überlegt, wie es einer Gruppe von Tieren zuzuordnen war. Welche Tiere würden Chakras, die voll untereinander funktionierten, entsprechen? Im Chakra-System würde das bedeuten, daß jedes Chakra offen und gesund ist, seine Energie voll verströmt und diese Energie zwischen allen Chakras ungehindert fließen läßt. Bei den Tieren stellte ich mir vor, daß dafür alle Tiere in Frage kämen, die frei und gesund wären und in Harmonie miteinander lebten. Also lud ich alle meine Tiere ein, eine Versammlung abzuhalten.

Sie waren gern dazu bereit und versammelten sich unter einer großen alten Eiche. Überrascht stellte ich fest, daß sich nur wenige zuvor gesehen hatten. Sie bildeten einen Kreis, und der Hase betrachtete die anderen und erklärte ihnen, wie klein und schwach er sich in ihrer Gegenwart fühle, wie er sich vor ihnen fürchtete, da sie alle groß und mächtig seien und er das Gefühl habe, daß er nicht zu ihnen gehöre.

Als der Hase sprach, erinnerte ich mich an eine Episode aus meiner Kindheit. Ich war damals fünf Jahre alt. Seit ein paar Wochen besuchte ich den Kindergarten. Meine Mutter, eine Lehrerin, hatte mich gut vorbereitet, und ich war stolz auf meine Fähigkeiten. Eines Tages sagte die Kindergärtnerin zu mir: »Du bist zu klug für diese Gruppe. Du solltest unbedingt in die erste Klasse gehen.« Sie nahm mich am Arm und ging mit mir einen langen Korridor entlang, bis zum Klassenzimmer der ersten Klasse. Im Kindergarten waren wir zwölf gewesen, hier waren es dreißig Schüler. Und sie waren alle größer und älter als ich. Ich fühlte mich winzig, höchst unbehaglich und schrecklich einsam. Das Gefühl, nicht wirklich hierher zu gehören, überwältigte mich. Ich erkannte, daß mich dieses Gefühl mein Leben lang begleitet hatte.

Dann versicherten alle Tiere dem Hasen, wie sehr sie ihn schätzten und mochten. Sie erklärten ihm auch, daß er ganz eindeutig einer von ihnen sei und zu ihnen gehöre. Ihre Freundlichkeit und Anteilnahme berührten den Hasen tief. Alle Tiere boten ihm ihre Hilfe an und drängten den Hasen, er solle wachsen, damit er ihnen gleichkäme. Danach wurde der Hase plötzlich größer und größer, bis er ein Riesenhase von ca. 3 Metern war. Die anderen Tiere betrachteten ihn voller Anerkennung, und der Hase wurde sehr still und in sich gekehrt. Seine Angst war verschwunden, und er empfand ein starkes Zugehörigkeitsgefühl.

Voller Erstaunen betrachtete ich diesen Vorgang. Als der Hase immer größer wurde, erlebte ich, wie mein Gefühl, nicht dazuzugehören, das Gefühl, klein und schwach zu sein, verschwand. Ich empfand ein neues Wohlgefühl und fühlte mich in meinem eigenen Leben und der Verfolgung meiner Ziele viel sicherer. Und ich empfand dem Hasen gegenüber Hochachtung, außerdem schätzte ich die Tiere wegen ihrer Hilfe, die sie ihm angeboten hatten.

Erneut begann ich mich für Totempfähle zu interessieren: Was bedeuteten sie? Weshalb waren sie geschnitzt? Woher kamen diese Indianer der Nordwestküste? War es möglich, daß die Totempfähle die Chakra-Energien repräsentieren sollten? In welcher Beziehung standen die Indianer der Nordwestküste zu den Tieren? Hatten die Totempfähle und die moderne Chakra-Theorie einen gemeinsamen Ursprung?

3
Der tote Hund

Zu der Zeit hatte ich eine Patientin, die ich Jane nennen werde. Sie hatte in den vorhergehenden fünf Jahren nach einem »Nervenzusammenbruch« an einer Gruppentherapie teilgenommen. Sie litt unter Depression und Selbstverleugnung und war im höchsten Maße selbstmordgefährdet. Ihre früheren Therapeuten hatten sie dazu ermutigt, »Nicht-Selbstmordverträge« mit ihnen abzuschließen. Am Schluß unserer Therapie gestand sie mir, daß sie diesen Vertrag fast täglich erneuert hatte, um sich davor zu bewahren, Selbstmord zu begehen.

Jane war 34 Jahre alt, geschieden und hatte zwei Kinder. Sie wirkte angespannt und hatte eine schrille Stimme. Als ich das erste Mal mit der Gruppe zusammentraf, äußerte sie ihre Angst vor mir. Ich versicherte ihr, daß ich sie respektierte und ihrer Fähigkeit, sich zu entwickeln vertraute und daß ich nichts tun würde, sie zu bedrohen oder unter Druck zu setzen. Sie akzeptierte das. Damals erzählte sie mir, sie hasse sich, weil sie nicht vollkommen sei. Ich erklärte ihr, ich sei der Meinung, daß jedes menschliche Wesen tief im Innern eine schöne Blume symbolisiere. Sie erwiderte, sie sei davon überzeugt, daß in ihrem Innern keine Blume sei. Ich ließ die Gruppe eine Visualisierung durchführen, um mit der inneren Blume in Berührung zu kommen. Jane war über das, was sie gesehen hatte, überrascht: ein winziges Baby.

Bei unserem nächsten Treffen erfuhr ich mehr über sie. Sie war auf einer entlegenen Ranch im Norden Wyomings aufgewachsen. Ihre Mutter war dominierend, meistens schlecht gelaunt gewesen und defensiv. Jane hatte das Gefühl, ihrer Mutter nicht zu genügen und von Anfang an ein ungewolltes Kind gewesen zu sein. Ihre ältere Schwester besaß eine ähnliche Persönlichkeit wie ihre Mutter. Ihr Vater war passiv und ruhig.

Sie sagte, sie habe das Gefühl, ein Nichts zu sein; ihr Leben sei ein tiefer dunkler Brunnen mit einem Deckel darauf. Die einzige Freude, die sie in ihren jungen Jahren erlebt hatte, war, wenn sie ihr Vater zum Jagen oder Fischen mitnahm. Obwohl er meistens schwieg, hatte sie bei solchen Gelegenheiten das Gefühl, daß ihm wirklich viel an ihr lag. Als ich sie fragte, ob sie jedem dieser beiden kleinen Mädchen einen anderen Namen geben könnte, nannte sie dieses Mädchen »Reichtum« und das andere »Nichts«.

Sie sprach auch über ihre Neigung, sich in eine Ecke zurückzuziehen, wo sie sich sicher fühlte. Ich versicherte ihr, sie könne sich nach Belieben in die Ecke zurückziehen, genauso wie sie jederzeit aus der Ecke herauskommen könne und ich ermutigte sie, beides zu üben, so daß das Zurückziehen und Herauskommen freiwillig geschehen könnten.

In unserer nächsten Sitzung bat ich sie, die Stühle im Zimmer so zu arrangieren, daß sie die Rangordnung der Familienmitglieder bei ihr zu Hause darstellten. Die Stühle ihrer Mutter und Schwester standen in der Mitte des Raums, der ihres Vaters und ihr eigener in zwei Ecken. Als Neugeborenes war sie in der Mitte des Zimmers plaziert gewesen, doch in dieser Position spürte sie sofort die Eifersucht ihrer Mutter und Schwester. Als sie sich in eine Ecke zurückzog, tat ihr Vater es ihr nach, als stillschweigende Unterstützung.

In der folgenden Sitzung wandte ich die geführte Visualisierung an, um die Teilnehmer der Gruppe in Kontakt mit ihren Chakra-Tieren zu bringen. Das Tier in Janes' Stirn (intellektuell/intuitiv) war ein Riesenadler. Jane stand unter ihm und konnte nur seine Beine und den unteren Teil seines Körpers sehen. Als erstes sagte er ihr, wie blöd und dumm sie sei. Sie war darüber empört und fragte ihn, weshalb er so etwas sage. Er erwiderte, er wolle ihr ein Beispiel davon geben, was sie sich selbst antue.

Das Tier in ihrer Kehle (Kommunikation) war ein Wiesel. Jane fühlte sich dadurch erniedrigt, doch sie begriff, daß sie vielleicht die Kommunikation dazu benutzte, um sich aus einigen Dingen herauszuwinden.

Das Tier in ihrem Herzen (Liebe/Mitleid) war ein toter

Hund, der von einer Pilzwucherung bedeckt worden war und auf einer Steinplatte in einer Höhle lag. Der Hund war anscheinend schon lange Zeit tot. Jane war sichtbar erschüttert darüber. Ich ebenso. Ich fragte mich: »Bedeutet das, daß sie Selbstmord begehen wird?«

Das Tier in ihrem Solarplexus (Kraft) war ein weißer Vogel in einem Käfig. Der Vogel bat Jane, die Tür zu öffnen und ihn freizulassen. Sie tat wie geheißen, und als er aus dem Käfig flog, verwandelte er sich in einen riesigen Drachen, der vor Schmerzen brüllte. Jane packte ihn voller Entsetzen, steckte ihn wieder in den Käfig zurück und schloß diesen, woraufhin er wieder ein weißer Vogel wurde.

Das Tier in ihrem Bauch (Gefühl/Leidenschaft) war ein kleiner, wuscheliger Bär. Er faßte in Jane hinein und holte einen kleinen blauen Stein heraus. Als er ihn hochhielt, strahlte von dem Stein ein weiches Blau aus und erhellte den ganzen Raum mit einem guten Gefühl.

Ihr Grundtier war ein verspielter Tümmler.

Als ich über das Chakra-System in Zusammenhang mit den Tieren nachgedacht hatte, war ich zu der Erkenntnis gelangt, daß ein verschlossenes oder begrenztes Chakra durch Tiere repräsentiert werden, die verletzt, in einen Käfig eingesperrt oder sonst irgendwie nicht optimal in Form sind. In bezug auf Janes' Tiere bedeutete dies, daß ihr Kraft-Chakra geschlossen war (der weiße Vogel im Käfig). Doch als der Käfig offen war, erschreckte sie der Zustand und der Umfang ihrer Kraft (der Drache). Außerdem hatte ich ein paar ernste Fragen zu dem toten Hund. Eine davon lautete: »Soll das bedeuten, daß ihr Herz-Chakra völlig tot ist und unfähig, je wieder zu funktionieren? Ist sie so tot, daß sie nie wieder Liebe oder Mitleid empfinden kann? Wenn ja, was tun?“

Wie ich es mit meinen eigenen Tieren getan hatte, bat ich auch Jane, ihre Tiere aufzufordern, sich zu versammeln, so daß sie selbst die Umstände beurteilen und entscheiden konnten, was getan werden mußte. Der weiße Vogel erklärte ihr, er müsse aus seinem Käfig freigelassen werden, um an der Versammlung teilzunehmen. Widerstrebend öffnete sie die Käfigtür und erlaubte ihm, herauszukommen. Er verwandelte sich erneut in einen brüllenden Drachen. Jane erkannte jedoch plötzlich, daß er nicht brüllte, sondern wehklagte, daß er den toten Hund bejammerte.

Die Tiere versammelten sich in einer Höhle, und sie stellten sich im Kreis auf, um den toten Hund auf der Steinplatte. Als sie so dastanden, Jane unter ihnen, bemerkte sie plötzlich die Anwesenheit eines Babys und eines 15 Jahre alten Jungen. Ich beobachtete, wie sie in haltloses Schluchzen ausbrach.

»Das ist das Baby, das ich erwartete, als ich neunzehn war! Ich hatte eine Abtreibung! Ich hätte das nicht tun dürfen! Es war völlig falsch! Es war schrecklich von mir, es abtreiben zu lassen. Ich hätte es nicht tun sollen! Ich hätte es nicht tun sollen!«

Bei diesem Anlaß erfuhr ich das erstemal von der Abtreibung.

Sie wußte, der fünfzehnjährige Junge war das Baby, wenn es geboren worden wäre. Der Junge wandte sich ihr zu und sagte: »Es ist okay. Ich fühle mich dort, wo ich bin, wohl. Du hast getan, was du damals tun mußtest, und ich bin nicht böse auf dich. Du mußt jetzt die Tatsache akzeptieren, daß du eine Abtreibung hattest und darfst dich nicht selbst verurteilen.«

Sie brach erneut in Tränen aus. »Nein! Es war falsch! Ich hätte es nicht tun sollen. Ich habe das kleine Baby getötet.«

Der Junge und alle anderen Tiere betrachteten sie mitleidig, aber entschlossen und sagten: »Du mußt die Tatsache, daß du eine Abtreibung hattest, akzeptieren.«

Sie haderte erneut mit sich: »Ich kann nicht. Ich kann nicht. Es war falsch von mir, das zu tun.«

Ruhig und entschieden wiederholten sie: »Du mußt es akzeptieren.«

Die Tiere übten keinen Zwang aus, versuchten nicht, Jane in irgendeiner Weise unter Druck zu setzen. Doch sie waren alle einer Meinung.

Nachdem Jane längere Zeit geweint hatte, sagte sie ruhig: »Gut. Ich akzeptiere es. Ich hatte eine Abtreibung.«

Bei diesen Worten wurde der Hund plötzlich wieder lebendig. Sein Fell wurde glatt und glänzend, und er stellte sich neben Jane. Der Drachen beendete seine Klagen. Und das Wiesel verwandelte sich in einen Schwan.

Janes' Stimme war nicht mehr schrill, sondern weich, als sie sagte: »Ich glaube, ich habe mich selbst genug verurteilt. Ich war ja noch ein Kind.« Alle Tiere feierten die Wiedererweckung des Hundes. Das Baby und der Junge waren verschwunden.

Jane war überrascht und tief bewegt. Ich ebenfalls. Zudem war ich sehr erleichtert.

4
Mein Name ist Reichtum

Als wir in den folgenden Wochen unsere Arbeit fortsetzten, war Jane weiterhin erstaunt und beglückt über die »Auferstehung« ihres Hundes. Sie empfand tiefe Zuneigung für alle ihre Tiere, spürte, daß sie immer bei ihr, in ihr waren und sie begleiteten.

Eines Tages jedoch war sie sichtlich durcheinander. Sie erzählte mir, daß ihr Drachen, vor dem sie sich zuerst so gefürchtet hatte, anfing, sich zu verändern. Sie hatte angefangen, ihn zu lieben, und jetzt begann er, sich zu verändern. Das wollte sie nicht. Sie mochte ihn als Drachen und wollte ihn so behalten. Er hatte bereits seine Schuppen verloren, sein Körper war jetzt sehr haarig, und sie sah, daß seine Beine länger wurden. Sie war darüber tief betrübt und verlangte, daß er aufhören solle, sich zu verändern, was er auch pflichtgemäß tat. Doch dann wurden alle Tiere passiv und apathisch. Und sie fühlte sich deprimiert und verwirrt.

Ich unterhielt mich eine Zeitlang mit ihr über die Notwendigkeit, sich nicht dagegen zu wehren. Über die Tatsache, daß jede Entwicklung eine Veränderung beinhaltet und daß eine Veränderung das Loslassen des Alten mit einschließt, so daß Platz für das Neue geschaffen wird. Ich sprach mit ihr auch über den Schmerz und die Traurigkeit, wenn wir uns von jemandem trennen müssen, den wir lieben, und über die Notwendigkeit, diese schmerzvollen Gefühle auszuleben, ohne zu versuchen, sie zu unterdrücken. Sie erklärte mir, sie habe immer Schwierigkeiten gehabt, Menschen und Dinge, die sie liebte, loszulassen. Ich erklärte ihr, Gehenlassen bedeute nicht das Ende der Liebe, sondern das Ende des Klammerns. Sie sah schließlich ein, daß ihr Versuch, an dem Drachen so festzuhalten, wie er war, die Dinge verschlechterte, und tatsächlich war er bereits anders geworden, so daß es sowieso müßig war. Sie war einverstanden, ihn gewähren zu lassen.

Bei der Visualisierung, die sich an dieses Gespräch anschloß, traf Jane ihren Drachen, der jetzt ziemlich heruntergekommen war und ihr mitteilte, daß er gehen werde. Sie verabschiedete sich von ihm und blickte ihm nach, als er über einen Hügel verschwand. Ich ermutigte Jane, sich der Trauer über sein Weggehen hinzugeben, und sie weinte. Das war das erste Mal, daß sie *freiwillig* etwas losließ, das sie liebte.

Kurz danach flog ein braunes, geflügeltes Pferd auf sie zu. Sie wußte, das war ihr verwandeltes Kraft-Tier. Es nahm sie auf einen Ritt in ein fernes Tal mit, wo sie ein kleines Mädchen namens Reichtum fand, das sie selbst war.

Einen Monat später suchte mich Jane zu einer Privatsitzung auf. Sie berichtete mir, in letzter Zeit habe sie immer öfter an Selbstmord gedacht. In unserem Gespräch gestand sie mir, daß sie bei diesen Gedanken immer Panik empfunden habe. Als ich näher in sie drang, enthüllte sie etwas, das sie selbst bis jetzt noch nicht erkannt hatte: daß sie *erst* in Panik geriet und *dann* sofort an Selbstmord dachte. Wir verabredeten uns für die kommende Woche zu einer Visualisierung, bei der sie direkt mit ihrer Panik konfrontiert werden sollte, und ich bat sie, ihre »Nicht-Selbstmord-Verträge« erneut zu bestätigen.

Als wir uns in der Woche darauf trafen, berichtete sie mir, sie habe mich nicht aufsuchen wollen, habe aber gewußt, daß sie nicht anders konnte. Sie hatte in den letzten Nächten kein Auge zugetan, und das Gefühl der Panik hatte sie nicht mehr losgelassen.

Bei der Visualisierung bat ich sie zuerst, sich mit den Tieren zu treffen. Sie versammelten sich in der Höhle, und ich schlug vor, sie solle sie fragen, ob dies der richtige Moment sei, sich ihrer Panik zu stellen. Sie alle stimmten zu, der Zeitpunkt sei günstig. Nur der Adler (Intellekt/Intuition) schwieg. Sie fragte die Tiere, ob sie sie bei der Konfrontation unterstützen würden, und alle sagten zu.

Ich forderte Jane auf, sie solle ihrer Panik erlauben, sich ihr als Bild zu zeigen. Sie erschien sofort als ein großer, bärtiger Mann mit schwarzem Hut, der drohend eine Peitsche knallen ließ. Er ähnelte ihrem Vater, nur daß ihr Vater keinen Bart gehabt hatte.

Sie fragte ihn, weshalb er mit der Peitsche knallte.

»Damit du Angst bekommst«, erwiderte er.

»Was willst du von mir?« fragte sie ihn.

»Ich möchte, daß du verschwindest.«

Ich schlug vor, sie solle ihn fragen, ob er bereit sei, ihr seine Energie für ihre Entwicklung zu geben, und er verneinte.

Dann forderte ich sie auf, ihn zu fragen, wann er zuerst in ihr Leben getreten sei.

Sie sah sich plötzlich als sehr kleines Kind, wie sie zusammen mit ihrer Schwester auf einem Bett herumhüpfte, und dabei viel Radau machte und sich königlich amüsierte. Im angrenzenden Zimmer lag ihre Mutter krank im Bett. Plötzlich stand ihr Vater in der Tür, außer sich vor Wut. Er nahm seinen Gürtel und schlug sie beide damit, was auf ihren zarten Körpern Striemen und Blasen hinterließ.

Jane war erschreckt und tief berührt von dieser Erinnerung. Ich bat sie instinktiv, irgendwelche Tiere zu nehmen und in diese Szene zurückzukehren, um diese beiden Mädchen und den Vater zu heilen. Sie nahm den Hund (Liebe/Mitleid) und das fliegende Pferd (Kraft) mit. Der Hund leckte die Wunden der beiden Mädchen und heilte sie dadurch, und das fliegende Pferd heilte den Vater von seiner Wut.

Dann kehrte sie mit den Tieren zur Höhle zurück, wo auch die Panik auf sie wartete, die jetzt winzig geworden war. Sie fragte erneut, ob sie ihr ihre Energie für ihre Entwicklung geben wolle. Sie lehnte ab und wurde wieder groß.

Ich schlug vor, sie solle sie bitten, ihr zu zeigen, wann sie zum zweiten Mal in ihr Leben getreten war.

Sie sah eine Szene vor sich als kleines Kind. Sie war damals ungefähr zwei Jahre alt und hatte die Hände auf dem Rücken gefesselt. Viele Leute standen um sie herum, doch sie wußten nicht, was los war.

Ich schlug vor, sie solle die Szene betrachten, die dieser vorausgegangen war.

Es war im Haus ihrer Eltern. Eine Party war im Gange. Sie

ging allein auf die Toilette, war stolz, daß sie zum ersten Mal dazu fähig war, doch sie kam ohne ihren Schlüpfer wieder heraus. Ihre Eltern waren schockiert, versohlten ihr den Hintern und banden ihr die Hände auf den Rücken. Sie verstand nicht, weshalb sie so aufgebracht waren, da sie dachte, sie habe etwas Erfreuliches getan.

Ich schlug erneut vor, sie solle zu der Szene zurückkehren, mit allen Tieren ihrer Wahl, um das kleine Mädchen und ihre Eltern zu heilen. Sie nahm den Schwan (Kommunikation), den Bär (Gefühl) und in letzter Minute auch den Hund (Liebe/ Mitleid) mit.

Es waren so viele Leute anwesend und machten solchen Lärm, daß sie wohl nichts tun konnte. Der Schwan kreischte ihnen zu und beschäftigte sie. Jane band die Hände des kleinen Mädchens los, und sie und der Hund trösteten es. Der Bär hatte die Eltern zu Boden gezwungen. Er öffnete ihre Brust, und löschte mit seinem blauen Juwel etwas in ihren Herzen aus.

Bei der Rückkehr in die Höhle war die Panik immer noch anwesend. Ich schlug Jane vor, sie solle ihr zeigen, wann sie das dritte Mal in ihrem Leben aufgetreten war. Sie sah daraufhin eine Reihe von Szenen der Züchtigung, der Bestrafung und Zurückweisung, so deutlich, als ob sie an die Wand der Höhle projiziert würden. Ich schlug vor, sie solle alle Tiere bitten, sich neben sie zu stellen und aus ihren Herzen ein heilendes Licht auf diese Szene zu strahlen. Sie waren alle bereit dazu.

Als die Szenen vorbei waren, war auch die Panik verschwunden. Die Peitsche lag auf dem Boden. Und ihr Vater stand, rasiert und mit dem Hut in der Hand, vor ihnen und starrte zu Boden. Die Tiere erklärten ihr, sie müsse die Peitsche auflösen und ein Makramee daraus flechten und es aufhängen. Weil sie dagegen war, schlug ich vor, daß vielleicht ihr Vater ihr dabei helfen solle, was er auch gerne tat.

Zusammen beschäftigten sie sich damit, die Peitsche zu einem Makramee umzuformen, um dies an der Wand aufzuhängen. Als sie fertig waren, sagte Jane plötzlich: »Mein Gott! Das ist ja das gleiche Makramee wie ich es vor fünf Jahren in der Klinik angefertigt habe.«

Alle Tiere tanzten vor Freude mit Jane und ihrem Vater.

Als die Sitzung vorüber war, erklärte mir Jane, sie erinnere sich nicht an die beiden Ereignisse und habe sie bestimmt nicht als Kind erlebt. Ich sagte, es spiele keine Rolle, ob es tatsächliche Ereignisse seien oder nicht. Offensichtlich hatte sich etwas in ihr verändert, war geheilt worden, da sie nicht länger unter Panik litt, und genau das zählte.

Als ich sie zwei Wochen später sah, drückte sie ihr Erstaunen aus, daß sie nicht mehr an Selbstmord gedacht hatte. Sie sagte, das sei ein ganz ungewohntes Gefühl für sie, da sie in den letzten fünf Jahren täglich mit dem Gedanken an Selbstmord gespielt habe.

Ihr Blick war offen und klar, ihre Stimme ruhig und beherrscht. Sie berichtete mir, ihre Freunde hätten sie darauf angesprochen, wie verändert sie sei. Sie erzählte mir auch, daß der kleine wuschelige Bär jetzt voll ausgewachsen sei, und daß jedes ihrer Tiere einen blauen, funkelnden Juwel im Herzen habe. Sie war in tiefster Seele froh.

Drei Monate später besuchte sie ihre Schwester, die in einer nahegelegenen Stadt lebte. Ohne eine direkte Anspielung zu machen, fragte sie ihre Schwester, ob sie sich an ein schmerzliches Ereignis erinnere, das sie beide als Kinder erlebt hatten. Die Schwester berichtete ohne zu zögern von damals, als sie mit dem Gürtel geschlagen worden waren, weil sie auf dem Bett herumgehüpft waren, während ihre Mutter krank war.

5
Reisen

Im Juni 1983 reiste ich nach Vancouver in British Columbia, um beim Jahreskongreß der *American Association for the Study of Mental Imagery* einen Vortrag zu halten. Dies war die erste offizielle Darstellung dessen, was ich inzwischen als Persönliche Totempfahl-Methode bezeichnete, und ich freute mich, daß ich sie als erstes in der Gegend vortragen konnte, wo die Totempfahlschnitzer gelebt hatten.

Ich nahm zum ersten Mal an einer Versammlung dieser relativ neuen Organisation teil, die ihr fünftes Jahrestreffen abhielt.

Ich war verblüfft über die vielen Vorträge, die außerordentlich akademisch waren und versuchten, die Visualisierung in die traditionelle Schablone der wissenschaftlichen Forschung zu pressen, mit statistischer Analyse der Häufigkeitsverteilung. Es waren Vorträge, denen die Lebendigkeit und der schöpferische Reichtum fehlten, die der Visualisierung ihre individuelle Einzigartigkeit verleihen. Aber ich stellte auch fest, daß die meisten dieser Therapeuten nach dem traditionellen psychologischen Modell geschult worden waren, bei dem die wissenschaftliche Methode als *Grundlage* angesehen wird und nicht als ein *Instrument* unter vielen. Auch meine eigene akademische Ausbildung und meine frühen Forschungen waren von diesem Modell geprägt. Meine Dissertation zur Erlangung des Doktors der Philosophie war eine elektrophysiologische Untersuchung über einige Eigenschaften der Temperaturrezeptoren in der Haut von Katzen und Affen gewesen, eine Untersuchung, die genauso gut in den Abteilungen Physiologie oder Biophysik hätte durchgeführt werden können.

Mein Vortrag war zur gleichen Zeit wie der von Jerome L. Singer von der Yale University anberaumt. Als ich anfing, waren nur ungefähr ein Dutzend Personen anwesend.

Ich erklärte der kleinen Gruppe, daß ich als Therapeut und

nicht als Wissenschaftler zu ihnen sprach, und berichtete von Jane, einer Patientin von mir. Während meines Vortrags strömten immer mehr Menschen in den Saal, bis eine große Anzahl versammelt war. Später stellte ich fest, daß Dr. Singer nicht zu seinem Vortrag erschienen war. Er hatte an der Rezeption des Hotels telefonisch Bescheid gegeben, daß er nicht kommen konnte, doch diese Information wurde nicht weitergegeben, und so hatte ich das Vergnügen, seine Zuhörer zu übernehmen. Mein Vortrag wurde positiv aufgenommen. Es wurden viele Fragen gestellt und großes Interesse an meiner Methode bekundet. Zwei Ärzte, die gerade ihre Assistenzzeit in Psychiatrie machten und ein Psychologe baten mich, nach dem Vortrag eine kurze Versuchssitzung zu machen.

Nach dem Kongreß in Vancouver, machte ich halt in Portland, in Oregon, um Ma Prem Mala zu besuchen, die ich nicht mehr gesehen hatte, seit ich die Chakra-Tiere entdeckt hatte. Beim Kaffee beschrieb ich die genauen Umstände ihrer Entdeckung. Als ich geendet hatte, schwieg sie lange und sagte dann sanft: »Dieser Anhänger war ein Schlüssel, der etwas in dir aufschließen sollte, so daß du die Botschaft empfangen konntest, die die Frau mit sich trug. Sie überbrachte die Botschaft und deshalb kam sie nicht mehr zurück, um dich zu sehen. Sie hatte ihre Mission erfüllt. Sie war nur eine Botin und erkannte vermutlich die Bedeutung oder die Art der Botschaft, die sie überbrachte, nicht.«

Diese Worte wirkten seltsam auf mich, aber auch tröstlich. Ich selbst hatte ja gespürt, daß dieser Vorgang nicht etwas war, das ich erfunden oder geschaffen hatte, sondern etwas sehr Altes, das uns jetzt wieder zurückgegeben wurde. Und ich fühlte mich geehrt, eines der Instrumente zu sein, durch die es wieder der Welt übermittelt wurde.

Ich schrieb auch einen Artikel, den ich dem *Journal of Transpersonal Psychology* vorlegte. Ursprünglich hatte ich als Überschrift »Der Persönliche Totempfahl« gewählt. Auch wenn ich nicht den genauen Weg beschrieb, durch den ich darauf gebracht worden war, führte ich diesen Vorgang hauptsächlich auf die Indianer der Nordwestküste zurück.

Einige Monate später erhielt ich einen Anruf von Dr. Miles Vich, dem Herausgeber der Zeitschrift. Er berichtete mir, der Artikel sei in der Redaktion besprochen und gut aufgenommen worden, doch es gäbe einige Fragen über die Zuordnung des Vorgangs zu den Indianern der Nordwestküste. Ich gab zu, daß nichts bestätigt worden war, daß diese Zuordnung auch nicht wichtig für die Arbeit oder das Verständnis der Methode sei, daß ich es gern dabei belassen würde, und die Erforschung der Frage weiter vertiefen wolle. Dr. Vich war freundlich und herzlich; seine Offenheit und Aufrichtigkeit hinterließen in mir ein gutes Gefühl.

Ich war überrascht, als ich kurz danach eine Kopie meines Artikels mit redaktionellen Änderungsvorschlägen erhielt. Die meisten Änderungen waren akzeptabel und bedeuteten eine Verbesserung meines Stils, doch ich war bestürzt, daß eine abwertende Aussage über den Zusammenhang der Methode, mit eher primitiven Kulturen enthalten war. Was als letzter Absatz hinzugefügt worden war, lautete wie folgt:

»Es muß auch darauf hingewiesen werden, daß diese symbolische und metaphorische Verwendung von Tieren sich grundlegend von der primitiven Identifizierung mit Tieren unterscheidet, wie sie in Animismus- und Totemismuskulturen praktiziert wird. Der Zweck der oben beschriebenen Methode ist es, dem Patienten zu helfen, sich von konditionierten Reaktionen, neurotischen Mustern und ähnlichen Begrenzungen zu lösen und erhöhtes Bewußtsein zu entwickeln und die psychologischen und geistigen Fähigkeiten voll zu entfalten. *Das ist ein grundlegend anderes Ziel als das einer religiös oder gesellschaftlich aufgezwungenen Identifikation mit einem Stammestotem-Tiergeist. Während die beschwörende Kraft der Tierbilder bei einer totemistischen oder modernen therapeutischen Anwendung der Visualisierung stark sein mag, führen die Unterschiede im Bereich der Kultur, der Absichten und Ergebnisse zwangsläufig in verschiedene psychologische Richtungen«* (meine Kursivschrift).

Ich war befremdet, da diese Aussage genau das Gegenteil

meiner Gedanken ausdrückte. Obwohl ich mir durchaus darüber im klaren war, daß ich dürftige anthropologische Kenntnisse der Totemkulturen hatte, spürte ich intuitiv, daß das Stück, das ich kursiv hervorgehoben hatte, nicht korrekt war. Ich war davon überzeugt, daß insbesondere die Verwendung von Tierbildern, Tier- Kunst- und Tier-Maskierung wie sie von den Indianern der Nordwestküste praktiziert wurde, ein Mittel darstellte, über den eigenen engen Horizont hinauszuwachsen, um die Fülle des Menschseins zu erleben. Und ich kann nur sagen, daß ich dies durch die Lebendigkeit und Bewußtheit, die sich in ihrer Kunst ausdrückten, fühlte.

Tagelang quälte ich mich mit diesem eigenmächtigen Zusatz der Redaktion. Einerseits legte ich Wert darauf, daß mein Artikel erschien, so daß andere Therapeuten diese Dimension der Entwicklung erforschen konnten. Andererseits bedeutete dieser zusätzliche Absatz nicht nur etwas, das ich überhaupt nicht glaubte, sondern sogar das krasse Gegenteil davon.

Schließlich rief ich Miles an und erklärte ihm meine Bedenken. Ich sagte, ich sei der Meinung, daß die Verwendung von Tieren bei der psychologischen Entwicklung der Völker an der Nordwestküste wichtig war, daß sich dies in ihrer Kunst zeigte, in der Darstellung von geschnitzten Tieren, die in ihren Phasen der Verwandlung von einem Tier in ein anderes gezeigt wurden; daß ihre Rituale zur Folge hätten, sich als verschiedene Tiere zu verkleiden und dann rituell diese Tiere zu werden; daß ihre Kultur auf einer Hochschätzung der bewußten Kenntnis gründete und daß sie schließlich stark schamanistisch geprägt waren, denn gerade der Schamanismus befaßt sich vor allem mit der Verwandlung. Miles hatte ein offenes Ohr für mich, und ich hatte den Eindruck, daß dieser Zusatz nicht von ihm kam, sondern von irgendeinem anderen Redaktionsmitglied. Wir einigten uns, diesen Zusatz wegzulassen.

Der Artikel erschien unter dem Titel *Animal imagery, the chakra system, and psychotherapy* (Tierbilder, das Chakra-System und Psychotherapie) in der Winterausgabe 1983. Er wurde offensichtlich gut aufgenommen, da zahlreiche Bitten um Nachdruck und viele Briefe von Therapeuten aus aller Welt eintrafen. Mehrere Therapeuten, die anfingen, diese Methode bei ihren Patienten anzuwenden, schrieben mir über die Ergebnisse und lobten meine Methode.

Aufgrund des Artikels regte mich mein Freund, Mel Bucholtz, ein Therapeut in Cambridge, Massachusetts, der ihn gelesen hatte, an, nach Boston zu fliegen, um am Interface Institute, dessen Fakultätsmitglied er ist, ein Seminar zu leiten. Er half mir dabei, alles mit den Direktoren zu klären, und im Januar 1984 besuchte ich Boston.

Mel hatte ein paar Leute in seine Wohnung eingeladen und bat mich, einen kleinen Vortrag über meine Methode zu halten. Er stellte mich mit folgenden Worten vor:

Ich möchte Ihnen einen sehr guten Freund und Kollegen, Steve Gallegos, vorstellen und Ihnen über seine Arbeit berichten.

Seine Arbeit erscheint mir als äußerst wichtige Verschmelzung vieler unterschiedlicher Methoden der Poetik und Ästhetik und dessen, was ich nur aus Milton Eriksons Trancearbeit an Kenntnis über vertieftes Lernen erwerben konnte. In den letzten Tagen habe ich einige Notizen gemacht, und einige der Leute, die dazu beigetragen haben, sind hier, wie zum Beispiel Dennis und Barbara Tedlock. Sie haben wertvolle Arbeit geleistet in bezug auf die Hilfe, die uns die amerikanischen Indianer anbieten können, um unsere Kenntnis über das, was Bewußtseinsänderung auf sehr realistische und sehr persönliche Weise sein kann, auszubilden. Vielleicht können Sie selber erkennen, daß ich an Steves Arbeit vor allem das interessant finde, was mir als die erste wirklich hundertprozentige einheimische Psychologie erscheint, d.h. eine Art Psychologie, die sich einfach aus der physischen Anwesenheit ableitet.

Wir alle sind vertraut mit dem Einfluß aus dem Orient, aus Europa, da wir begrifflich denken, und dies ist eine so faszinierend einfache Methode, die durch das Unbewußte bewirkt wird, daß ich, als ich ihr zum ersten Mal begegnete, nicht reagierte, erst später. Sie kennen das ja selbst: Wenn Sie etwas feststellen, das klar auf der Hand liegt, sind Sie im Augenblick weniger erstaunt, sagen erst später:

»Das ist wirklich gut, nicht wahr?« Ihre Reaktion erfolgt eben erst später. Und genau das erkannte ich in der Arbeit, in die mich Steve einführte.

Etwas kommt mir immer wieder in den Sinn: Es ist ein wenig bekanntes Werk von C.G. Jung *Mensch und Kultur*. Als Jung 1921 die USA und speziell die Clark University in Worcester besuchte, hielt er Vorträge über etwas ungemein Interessantes. Mit einem befreundeten Arzt fuhr er nach Buffalo, New York, stellte sich vor eine Gießerei und beobachtete, wie die Arbeiter herausströmten. Er sagte zu seinem Freund: »Die meisten dieser Männer sind Indianer«, und sein Freund wendete sich zu ihm und meinte: »Ich würde sagen, höchstens zehn davon.« Aber Jung nahm dies als Ausgangspunkt, um darzulegen, daß er den Eindruck habe, es gebe eine Art Indianisierung des amerikanischen Bewußtseins. Er kam zu dieser Erkenntnis durch seine Arbeit mit amerikanischen Patienten. Er hatte dabei festgestellt, daß ihre Art, sich zu bewegen oder etwas zu symbolisieren, keinerlei Ähnlichkeit mit der Art und Weise hatte, wie seine europäischen Patienten ihre Erfahrungen symbolisierten. Jung sprach von einem ererbten Vermächtnis des indianischen Bewußtseins, das sich bei den Menschen, die hier lebten, zeige. Das bloße Anwesendsein auf diesem Gebiet hier beinhalte eine Art Symbolismus durch den Körper.

Es ist für uns schwer zu verstehen, daß die Erde die Art und Weise, wie der Geist funktioniert und die Erfahrung darstellt, direkt beeinflußt.

Dennis Tedlock schrieb ein wunderbares Stück *The Way of the Word of the Breath*, das meiner Ansicht nach ebenfalls die Entwicklung der amerikanischen Poesie widerspiegelte, die so viel über die Qualität des Atmens ausdrückt. Und wie du ja angedeutet hast, zeigt das Atmen, wie gut Herz und Lungen funktionieren, und dies ist wiederum ein Hinweis auf die Gesamtverfassung des Körpers. In der Kirchenmusik sind die Kantaten oder die Kirchengesänge ein Indiz für die Qualität des Atmens, da die Atmung die Verfassung des Individuums verrät. Ich mußte daran denken, als ich mich mit Steve unterhielt. Wie enthüllt der Atem die Qualität der Person und das Leben, das die Person geführt hat?

An Steves Arbeit fiel mir auf, daß sie am Endpunkt dessen anfing, was ich die Psychologie des Westens nenne, die meistens mit dem Ich zu tun hat. Warum dies für mich so aufregend ist, liegt teilweise darin begründet, daß sie eine transzendente Eigenschaft mit einschließt, die natürlich spontanes Verhalten impliziert.

Und dann fiel mir Ram Dass' Äußerung ein, daß »man nur so weit kommen kann wie der Therapeut in seiner Entwicklung ist.« Das ist wirklich eine recht wichtige Erkenntnis. Picasso zeigte dies auf, als ihn ein Student fragte: »Glauben Sie, ich werde jemals so gut wie Sie?« und er darauf erwiderte: »Sie Narr, Sie sollten besser werden als ich. Ich unterrichte Sie mit 74, und Sie sind erst 23.«

So gibt es diese Art Eigenschaft, die etwas, das weit über dem Bereich, in dem man sich in seiner Materialität und seinem Ich befindet, den Lernprozeß leiten muß. Wenn Sie es nur auf der Ebene des Egos tun, ist die ganze Arbeit ein Stückwerk, d. h. es wird ein akutes Problem gelöst und so weiter. Und diejenigen unter uns, die in der Klinik arbeiten, wissen das. Sie lösen nur ein akutes Problem oder behandeln Symptome oder wie immer Sie es ausdrücken wollen.

In diesem Zusammenhang möchte ich einen weiteren Verweis von R.H. Blyth auf D.T. Suzuki anführen, der von der Haiku-Dichtkunst handelt, die er als höchsten Ausdruck der Verwirklichung des orientalischen Gedankens sieht: den Punkt, an dem Handlung eintritt. Er sagt: »Wir erfassen die unbeschreibliche Bedeutung einer ganz gewöhnlichen Sache oder Tatsache, die bis jetzt völlig übersehen wurde. Haiku ist die Erfassung der Sache durch die Verwirklichung unserer eigenen ursprünglichen Einheit mit ihr. Der Begriff Verwirklichung bedeutet hier buchstäblich ›in uns selbst verwirklichen.‹ Die Sache nimmt sich selbst in uns wahr; wir nehmen sie durch bloße Selbstbewußtheit wahr. Die Freude über die offenbare Vereinigung in uns mit Dingen, mit allen Dingen, ist also das Glück darüber, unser wahres Selbst zu sein. Es ist in ›allen Dingen‹, denn, wie Dr. Suzuki in seinen Arbeiten über Zen erklärt, trifft folgendes zu: Wenn ein Gegenstand aufgenommen wird, werden alle Dinge gleichzeitig mit aufgenommen. Eine Blume ist der Frühling, ein fallendes Blatt symbolisiert den Herbst, jeden Herbst, den ewigen, zeitlosen Herbst jedes Dings und aller Dinge.«

Unglaublich daran finde ich das Gefühl der Genesung. Wiederzuerlangen, was einen belebt, Erfahrung mit sich bringt. Wie einige von Ihnen bereits wissen, möchte ich in meiner Arbeit zeigen, daß die Ästhetik das Unbewußte in bewußte Aktivität verwandelt. Zum Teil beruht die Bedeutung von Steves Arbeit darauf, daß er es dem Menschen selbst überläßt, und dies geschieht so bestrickend einfach und präzise, daß ich den Eindruck hatte, daß dies in direktem Zusammenhang zu der Art und Weise stand, wie die Indianer das Verhältnis des Selbst zu den Formen und Kräften der Natur verstanden. Eine durch und durch elementare, sehr einfache und doch äußerst komplizierte Art und Weise, zu verstehen, wie man sein Selbst im Verhältnis zur Umwelt begreift, was einige grundsätzliche Fragen aufwirft: Wie hält man das Bewußtsein seines Selbst aufrecht während man in Kontakt mit der Welt steht, wie hat man diese Beziehungen zu verstehen, z. B. zur nächsten menschlichen Familie oder erweiterten Tier- und Pflanzenfamilie und Umweltfamilie, so daß überall Querverbindungen bestehen. Diese Elemente fielen mir beim ersten Gespräch darüber mit Steve auf, der zu mir sagte: »Nun, ich bin auf diese Tiere gekommen, und das scheint ganz interessant zu sein, doch ich weiß nicht genau, was es bedeutet.« Ein paar Tage lang grübelte ich darüber nach. »Na sowas, ich frage mich, was es bedeutet?« sagte ich. Aber dann: »Steve, ich glaub', ich hab's, ich weiß, was es bedeutet.«

Und so freue ich mich sehr, daß Sie Zeit für Steve und seine Arbeit haben. Ich habe ihn gebeten, uns zu erzählen, wie er dazu gekommen ist, er soll uns von seiner spezifischen Arbeit berichten, die die Art von Dingen darstellt, die ich sehe und Dinge, die er zusätzlich sieht und die so natürlich sind in einer Person, die sich selbst heilt. Und das ist ein vollständiges System, nicht nur einzelne Teile, die zusammengefügt sind. Das System fügt sich selbst in einer natürlichen Gestalt zusammen, und zwar so hervorragend, daß ich noch nie etwas ähnliches gesehen habe.

In Boston veranstaltete ich zwei Seminare, eines beim Interface Institute und das andere beim Institue of Neurolinguistic Programming. Es war bitterkalt in Boston, und ich hatte keine passende Kleidung dabei. Eine Kältewelle, die »Sibirien-Express« genannt wird, kam von der Arktis. Ich erkältete mich, doch die Seminare waren trotzdem ein Erfolg. Mehrere Therapeuten, die an den Seminaren teilnahmen, begannen in der Folge, die Chakra-Tiere in ihre Arbeit mit aufzunehmen.

Bevor ich ein Seminar halte, nehme ich immer Kontakt mit meinen Tieren auf und erbitte ihren Rat. Ich frage sie, was ich bei diesem Seminar tun solle und bitte sie um ihre Hilfe. Bevor ich von Oregon noch Boston weiterfuhr, hatte sich mein Herztier von einem Bären in eine riesige weiße Lotosblüte verwandelt, die geschlossen war. Sie sah aus wie ein riesiger durchsichtiger Globus. Meine Tiere, die im Verhältnis zu der Lotosblüte winzig aussahen, saßen inmitten der Blüte im Kreis und sahen aus wie kleine Samenkörner.

Als Mel mich zum zweiten Seminar chauffierte, nahm ich wieder Kontakt mit meinen Tieren auf und war tief gerührt, als ich sah, daß die Lotosblüte sich geöffnet hatte und die Tiersamen über Boston ausgeworfen wurden.

6

Das Aufziehen der jungen Hunde

Ich erforschte die Chakra-Tiere weiterhin mit jedem Patienten, der dafür geeignet schien, und war tief bewegt von der Art und Weise, wie die Tiere agierten. Sie schienen die inneren Dimensionen des Menschen zu kennen, hatten Zugang zu Informationen, die weder ich noch der Patient kannten, sie wußten, in welchem Tempo die Therapie ablaufen und wann neues Material eingeführt werden mußte, sie wirkten auf sehr subtile und geschickte Weise ein. Außerdem waren sie sehr humorvoll. Sie waren die geschicktesten Therapeuten, die mir je begegnet waren. Und sie kümmerten sich nicht nur darum, daß der Patient geheilt wurde, sondern auch, daß er seine Ganzheit erlangte.

Ungefähr ein Jahr, nachdem ich den Tieren zum ersten Mal begegnet war, machte ich sie mit einer Patientin bekannt, die ich Mary nenne.

Mary war eine junge berufstätige Frau, die mich aufsuchte, weil ihr Vorgesetzter ihr empfohlen hatte, mich wegen Kommunikationsschwierigkeiten zu konsultieren. Sie erklärte mir, sie sei darüber erstaunt gewesen, da sie der Ansicht sei, keine Schwierigkeiten damit zu haben. Tatsächlich verhielt sie sich mir gegenüber sehr offen. Sie erzählte mir, sie fühle sich durch ihren Vorgesetzten eingeschüchtert, ja, sie halte sich allgemein gegenüber Autoritätspersonen zurück, aus dem Gefühl heraus, nicht hervortreten zu dürfen, wenn Vorgesetzte anwesend waren. Sie war eine sensible intelligente junge Frau, die vielleicht häufig mehr wußte als ihr Vorgesetzter, aber es schon früh gelernt hatte, sich dümmer zu stellen als die Autoritätsperson. Mein erster Gedanke war, daß ein Affirmations-Training für sie gut wäre.

Mary erzählte mir auch, daß sie im Alter von vier mit Zündhölzern gespielt hatte, an einem frühen Morgen, als plötzlich die Hose, die sie trug, Feuer fing und sie an beiden Beinen schwere Verbrennungen erlitt. Dies hatte zur Folge, daß sie in den nächsten Jahren zahlreiche Hauttransplantationen über sich ergehen lassen mußte, die mit längeren Klinikaufenthalten verbunden waren. Da ihre Familie auf einer Farm lebte, die 200 Meilen von der nächsten Klinik entfernt war, war sie oft lange Zeit von ihr getrennt. Außerdem berichtete sie mir, daß sie sich auf der High School irgendwie »paranoid« gefühlt habe.

Sie war offen und empfänglich und völlig bereit, sich zu entwickeln. Um ihre Vorstellungskraft zu testen, bat ich sie, sich vorzustellen, sie sei ein Samen, der während eines langen Winters in der gefrorenen Erde gelegen hat. Allmählich wird es Frühling und die Erde beginnt aufzutauen. Ein warmer sanfter Regen fällt und weicht die Erde auf. Der Samen schlägt Wurzeln, entwickelt sich zu einer blühenden Blume.

Mary stellte sich dünne, fadenähnliche Wurzeln in fruchtbarer Erde vor, einen dicken, starken Stamm mit Dornen und eine zarte, weiße Blume mit acht Blütenblättern.

Diese sagte zu ihr: »Ich blühe für dich, aber pflücke mich nicht. Lerne mit mir zu teilen, was ich brauche.«

Die nächsten beiden Sitzungen brachten wir damit zu, Kontakt mit ihren Chakra-Tieren aufzunehmen.

Marys Stirn-Tier war ein Fuchs, der in einer Höhle lebte. Sein Name war Wut, und er sagte ihr, daß er es nicht möge, eingesperrt zu sein. Als ich ihn fragte, wer ihn in diese Lage gebracht habe, erwiderte er, alle. Er erklärte ihr, er möchte, daß die Leute wissen, daß er Gutes tun könne, nicht durch und durch schlecht sei.

Ihr Hals-Tier war eine Eule namens Hooty, die aussah wie eine Karikatur. Sie machte Mary klar, daß man viel Spaß haben könne, daß nicht immer alles schrecklich ernsthaft sein müsse.

Ihr Herz-Tier war eine Taube namens Taube. Sie sagte ihr, sie solle friedlich sein und sie müsse wissen, daß sie nicht wie die anderen sei, daß sie ein Individuum sei und daß sie diese Tatsache akzeptieren solle.

Ihr Solarplexus-Tier war eine Schildkröte namens Toby. Sie bat Mary, geduldig zu sein, da sie manchmal zu geschäftig sei und innehalten müsse, um die kleinen Dinge wahrzunehmen.

Ihr Bauch-Tier war ein Terrier, der gerade vier Junge geworfen hatte. Er nahm sie eines nach dem anderen auf und trug sie zu Mary, legte sie ihr in den Schoß und bat sie, sie zu füttern, und sich um sie zu kümmern. Als der Terrier gefragt wurde, was er benötige, erwiderte er, als einziges wolle er Marys Liebe durch die Jungen spüren. Er nannte die Namen der Welpen – Joey, Bernard, Bernice und Pal – und verschwand dann für immer. Mary weinte.

Marys Grund-Tier war eine Giraffe namens Paul, die ihre Freude zum Ausdruck brachte, als sie sie sah. Sie fragte Paul, ob er sie zu den anderen Tieren begleiten wolle, zu einer Versammlung. Er war einverstanden und Mary nahm ihn zu den kleinen Hunden mit und ließ ihn mit ihnen allein. Dann suchte sie die Schildkröte auf und fragte sie, ob sie mit ihr zu den anderen Tieren kommen möge. Sie erwiderte, da sie sich so langsam fortbewegte, würde sie allein zu den kleinen Hunden gehen, während Mary die übrigen Tiere versammelte. Dann ging sie zur Taube, die bereit war, mitzugehen und sich auf ihre rechte Schulter setzte. Sie suchten dann die Eule auf, die der Taube Komplimente wegen ihrer Schönheit machte. Alle drei begaben sich weiter zum Fuchs. Er verhielt sich abweisend und erklärte Mary, er habe das Gefühl, sie möge ihn nicht so wie die Eule und die Taube. Sie war darüber traurig und sagte zum Fuchs, sie möge ihn sehr. Zusammen gingen sie alle zu den jungen Hunden. Als sie dort anlangten, war die Schildkröte bereits da. Die Eule und die Schildkröte verstanden sich sehr gut.

Bei unserer vierten Sitzung war Mary ruhiger und gesprächiger als vorher. Sie berichtete von ihrer Familie, ihren Ansichten über ihren Beruf und ihren Vorstellungen, ihn den menschlichen Bedürfnissen mehr anzupassen. Wir machten eine kurze Visualisierung, bei der sie ihre Tiere traf. Als erstes empfing sie Paul, die Giraffe (ihr Grund-Tier). Paul sagte ihr, daß alles besser organisiert werden müsse und daß einige der anderen

Tiere größere Verantwortung für die kleinen Hunde übernehmen müßten. Alle Tiere waren versammelt, außer der Eule (Kommunikation), die später erschien. Die Giraffe schlug vor, daß die Eule und die Taube (Liebe/Mitleid) sich mehr um die Fütterung der kleinen Hunde (Gefühl/Leidenschaft) kümmern sollten. Beide waren bereit dazu, und Mary bemerkte, daß die Eule würdevoller als bei der vorherigen Sitzung aussah.

Die Schildkröte (Kraft) sagte zu Mary, sie fürchte sich vor mir. Ich bat sie, ihr zu versichern, daß ich nichts von ihr verlangen würde, wozu sie nicht bereit wäre und daß ich davon überzeugt sei, daß sie sich entwickeln würde, wenn sie dazu bereit wäre. Spontan erklärte sie sich bereit, die Reinigung des Korbs, in dem die kleinen Hunde lagen, zu übernehmen und begann sofort damit, ja sie schmückte ihn sogar mit Blumen, die sie pflückte.

Der Fuchs (Intellekt/Intuition) war von den kleinen Hunden ganz besonders fasziniert. Besonders einer war ihm sehr zugetan. Er erklärte sich bereit, auf die Jungen aufzupassen, während die Schildkröte den Korb reinigte. Die Giraffe schlug vor, der Fuchs könne die kleinen Hunde waschen, indem er sie ableckte wie eine Mutterhündin, und er übernahm das.

Die Taube war mehr damit beschäfigt, sich um die anderen Tiere zu kümmern als um sich selbst.

Mary stellte fest, daß die Augen der kleinen Hunde jetzt geöffnet waren. Sie fragte sie, wie sie ihnen helfen könne, sich zu entwickeln, und sie erwiderten: »Indem du uns besuchst.« Alle Tiere scharten sich um die kleinen Hunde und summten oder sangen für die Jungen, die darüber einschliefen.

Zu Beginn unserer fünften Sitzung berichtete mir Mary von einem lebhaften Traum, den sie in der letzten Woche gehabt hatte. Sie träumte, sie habe in ihrem Haus geschlafen, und etwas sei eingedrungen, was nicht hierher gehörte. Sie wußte nicht, was es war, da sie es nicht sehen konnte, doch sie konnte es spüren und jagte es aus dem Haus.

Am nächsten Tag passierte wieder etwas Seltsames: Mary visualisierte spontan ein Treffen mit ihren Tieren. Plötzlich kamen zwei Schwäne, ein weißer und ein schwarzer, und boten an, für die kleinen Hunde ein neues Haus zu bauen, wenn sie sich der Gruppe anschließen dürften. Die Eule war bereit, sie aufzunehmen, aber die anderen Tiere nicht; sie verhielten sich den Schwänen gegenüber mißtrauisch. Mary sagte ihnen, sie würden nicht in die Gruppe aufgenommen, und sie müßten gehen. Als sie gingen, verwandelten sie sich in echsenartige Geschöpfe, die einen Geruch der Verwesung verbreiteten. Mary erzählte mir das mit Erstaunen und war davon überzeugt, daß sie richtig daran getan hatte, sie abzuweisen. Ich ließ die Angelegenheit auf sich beruhen.

Mary berichtete von einem weiteren Vorfall, der sich seit unserer letzten Sitzung ereignet hatte. Sie hatte sich in der Küche aufgehalten und hatte folgende Visualisierung: die Schildkröte wuchs plötzlich sehr schnell und explodierte dann. Teile des Schildkrötenpanzers lagen verstreut auf dem Boden, und ein Elefant stand mitten im Raum. Das war ihr neues Kraft-Tier.

Ich bat Mary, mit den Tieren eine Sitzung abzuhalten und sie zu bitten, untereinander auszumachen, welches Tier es am nötigsten hatte, sich als nächstes zu entwickeln. Die Taube schlug den Fuchs vor. Die Eule meinte, der Fuchs solle sich jetzt noch nicht weiterentwickeln, er solle noch einige Zeit mit den kleinen Hunden verbringen, auch die Giraffe fand diese Idee gut. Dann schlugen sie die Taube vor, die damit einverstanden war, sich als nächste zu entwickeln.

Ich bat Mary, die Taube zu fragen, ob sie wisse, was sie zu tun habe, um sich weiterzuentwickeln, und sie erwiderte, nein. Dann forderte ich sie auf, sie solle die Tiere bitten, sich im Kreis aufzustellen, die Taube in der Mitte, und jedes Tier solle seine Liebe und Unterstützung auf die Taube ausstrahlen, so als ob aus jedem Herzen der Tiere ein Lichtstrahl ausgehe. Die Taube stand in der Mitte und empfing das Licht und flog dann im Kreis über ihre Köpfe hinweg, immer höher, bis sie nicht mehr zu sehen war. Kurz danach flog ein großer und prächtiger Adler abwärts kreisend über ihre Köpfe und landete in ihrer Mitte. Die Tiere waren verblüfft, doch sie waren traurig, weil die Taube verschwunden war. Der Adler erklärte ihnen, er besitze alle Eigenschaften der Taube und noch viel mehr Kraft, er könne

Dinge tun, die die Taube nicht tun konnte, zum Beispiel könne er für die Welpen Hasen fangen.

Darauf fragte einer der jungen Hunde: »Wie schmeckt ein Hase?«

Mary lachte.

Unsere sechste Sitzung fand zwei Wochen später statt. Mary war deprimiert. Sie hatte ihre Eltern besucht und mit ihrer Mutter Streit bekommen. Es wurde ihr klar, daß ihre Mutter immer noch versuchte, sie wie ein Kind zu behandeln und verärgert reagierte, wenn Mary ihre Unabhängigkeit durchsetzte. Sie erinnerte sich auch an ihre langen Klinikaufenthalte als Kind, wie einsam sie sich gefühlt und wie sie darunter gelitten hatte.

Als sie sich gerade anschickte, die Tiere zu treffen, sah sie, daß die kleinen Hunde fast ausgewachsen waren und jeder einer anderen Rasse angehörte: ein Basset, ein deutscher Schäferhund, ein französischer Pudel und ein Redbone-Jagdhund.

Alle Tiere waren wohlauf, außer dem Fuchs, der fehlte. Als man ihn rief, kam er, doch sein Fell war verfilzt, und er war bis auf die Knochen abgemagert. Offensichtlich war er am Sterben. Eine Stimme sagte Mary, daß der Fuchs sterben mußte, um sich zu verändern, aber er könne erst sterben, wenn sie es erlaubte. Tieftraurig stimmte sie zu, und alle trugen ihn zu der Höhle, wo er starb. Sie alle wehklagten, besonders der Basset, der sein bester Freund gewesen war.

Bei der siebten Sitzung in der Woche darauf stellte ich fest, daß Mary eine andere Frisur trug. Sie war positiv eingestellt, offen und ruhig. Sie sagte, sie habe sich in den letzten paar Tagen sehr wohl gefühlt, wußte aber nicht, weshalb.

Als sie die Tiere besuchte, entdeckte sie, daß ein Dickhornschaf den Platz des Fuchses eingenommen hatte. Es erzählte, daß es und der Adler sehr eng beieinander wohnten und es mit dem Elefant sehr gut auskommen würde, was dieser bestätigte.

Ich bat Mary, die Tiere zu fragen, wann ein günstiger Zeitpunkt wäre, zurückzugehen und das junge Mädchen in der Klinik zu besuchen, um sich mit der Heilung ihrer Verletzungen zu befassen. Das Dickhornschaf erwiderte, in ein bis zwei Wochen. Die anderen stimmten zu.

Die achte Sitzung fand zwei Wochen später statt, und Mary berichtete, daß sie sich seit unserer letzten Sitzung sehr wohl gefühlt habe.

Bei der Visualisierung warteten alle Tiere auf sie. Ich bat sie, sie zu fragen, ob jetzt der richtige Zeitpunkt wäre, zurückzugehen, um das kleine Mädchen in der Klinik, das an Verbrennungen an den Beinen litt, zu heilen. Sie alle reagierten positiv. Ich äußerte Mary gegenüber, daß die Tiere wußten, wie man dorthin gelangen konnte.

Als sie in der Klinik anlangten, war Mary tief betroffen, weil das Mädchen so klein war und einen verlorenen Ausdruck in den Augen hatte.

Das Mädchen war überrascht, all die Tiere zu sehen. Drei der jungen Hunde krabbelten sofort unter das Bett. Der Elefant gab ihr eine Puppe, die er für sie mitgebracht hatte. Der Adler stand am Kopf des Bettes und die Eule am Fuß. Die Hunde leckten ihre verbrannten Beine und stellten sie auf die Füße. Als sie zwischen ihnen ging, wurde sie kräftiger.

Die Hunde hatten ihre Beine geheilt, als plötzlich Jesus kam und ihren Geist heilte (Marys Worte). Er hob sie empor, doch sie versetzte ihm wütende Tritte und Schläge. Er trug sie in aller Ruhe zu einem Teich, badete sie und brachte sie dann zu den Tieren zurück. Ihr Ärger war jetzt verraucht.

Dann setzte sie sich auf den Rücken des Elefanten und kehrte mit den Tieren zu der Bergschlucht zurück, wo sie lebten. Unterwegs wurde sie immer größer, und kurz bevor sie dort anlangten, verschmolz sie mit Mary, wurde eins mit ihr. Alle Tiere freuten sich, und es folgte ein wunderbarer Sonnenuntergang.

Als Mary die Visualisierung beendet hatte, hatte sie eine rosige Gesichtsfarbe und strahlte. Sie sagte, sie fühle sich großartig.

Obwohl unsere neunte Sitzung zwei Wochen später anberaumt war, rief mich Mary schon fünf Tage später an und berichtete mir, sie fühle sich verloren und deprimiert. Sie sagte, sie habe das Gefühl, dies habe mit der Beziehung zu ihrer Mutter zu tun.

Ich bestellte sie sofort zu mir, und wir machten eine Visualisierung, damit sie ihre Tiere treffe. Sie fand sie auf offenem Feld, was ungewöhnlich war, da sie sich vorher immer in der Schlucht getroffen hatten. Der Pudel informierte sie, es werde großen Herzenskummer geben. Als sie sich nach der Ursache erkundigte, sagte ihr die Giraffe, es gehe dabei um Angenommenwerden und Zurückweisung. Als sie fragte, wie sie sich verhalten solle, sagte man ihr, daß es durchgestanden werden müsse, da sie sich nicht damit auseinandergesetzt hatte, als dieses Problem das erste Mal aufgetaucht war, und sie müsse es jetzt als einen wichtigen Schritt in ihrer Entwicklung akzeptieren. Man sagte ihr auch, es wäre jetzt nicht aufgekommen, wenn sie nicht bereit wäre, sich damit auseinanderzusetzen. Ich ließ sie fragen, ob wir etwas Besonderes tun sollten. Die Tiere rieten ihr, einfach in enger Verbindung mit ihnen zu bleiben und sich allem zu stellen, aber daß es nicht erforderlich sei, etwas Besonderes zu unternehmen, zumindest vorerst nicht.

Mary rief mich fünf Tage später abends an. Sie teilte mir mit, sie habe sich unendlich einsam und verloren gefühlt. Ich bat sie, ihren Tieren davon zu erzählen und mich wieder anzurufen.

Zwanzig Minuten später rief sie mich zurück und berichtete, ihre Tiere hätten sie an eine Zeit während ihrer High School-Jahre erinnert, als sie mit ihren Eltern in eine kleine Stadt umgezogen war. Die Klassenkameraden waren sehr cliquenhaft gewesen und hätten Mary ausgeschlosen. Das hatte sie sehr gekränkt, und sie war zur Einzelgängerin geworden, hatte sich hinter Büchern verkrochen und sich nicht damit auseinandergesetzt. Ein zweiter Vorfall bezog sich auf eine enge Verwandte, die sich plötzlich aus unerklärlichen Gründen von ihr abgewandt hatte. Mary akzeptierte jetzt die Ängste und die Einsamkeit, die beide Vorfällen nach sich gezogen hatten.

Vier Tage später sah ich Mary zum letzten Mal. Sie strahlte und war heiter. Sie erzählte mir, sie habe eine lange Reise gemacht und habe viele Dinge zum ersten Mal gesehen, auch wenn sie diese Reise schon viele Male gemacht habe. Sie war so vital und dynamisch wie nie zuvor. Spontan erklärte ich ihr, daß ich sie heute wohl zum letzten Mal sehen würde, und sie erwiderte, ihre Tiere hätten ihr das gleiche gesagt.

Sie sagte, jedes Tier lebe jetzt in seinem eigenen neuen Heim, und obwohl sie sich immer noch sehr nahe standen, hätte jetzt jedes Tier seinen eigenen Bereich. Sie hatte das Gefühl, die Tür hinter einem Abschnitt ihres Lebens zu schließen und eine ganz andere Richtung einzuschlagen. Sie sagte, sie habe das Gefühl gehabt, eine Zeitlang sei alles zusammengefügt gewesen und dann auseinandergefallen, und jetzt sei der ursprüngliche Zustand wiederhergestellt. Sie kannte die Richtung, in die sie strebte, und es war alles gut, obwohl sie noch keine Details wußte.

Ich trug ihr auf, sie solle sich für mich bei ihren Tieren bedanken. Sie berichtete mir, Hooty, ihr Kommunikations-Tier, wolle mir mitteilen, daß es sich, wenn auch langsam, von einer Karikatur zu einer ausgewachsenen, lebenden Eule von einem Meter Größe entwickelt habe.

7
Eine Interpretation

Ich möchte hier meine Gedanken über diesen speziellen Fall darlegen. Auch wenn ich aus der Perspektive meiner eigenen metaphorischen Sicht spreche, darf nicht unberücksichtigt bleiben, daß jeder Patient eine sehr persönliche Anschauung von den Tieren hat. Wir dürfen dabei auch nicht vergessen: Auch wenn die Visualisierung für metaphorisches Verständnis und die entsprechende Deutung offen ist, bedeutet sie viel mehr als das. Jedes Tier ist lebendig. Jedes Tier ist in der Zeit. Jedes Tier ist die Verkörperung einer intensiveren Funktionseigenschaft, die mit den anderen Eigenschaften und dem Bild des Individuums selbst verknüpft ist. Jedes Tier ist auch ein Instrument, um die Entwicklung zu fördern, das heißt, in Einklang zu kommen mit diesen tieferen Elementen.

Das Tier kann auch ein Instrument für eine Entwicklungsblockade darstellen, was vorkommt, wenn eine Verschlechterung in der Beziehung zwischen dem Menschen und dem Tier festzustellen ist. Deshalb ist es erforderlich, die Beziehung gleich bei Therapiebeginn intensiv im Auge zu behalten und darauf zu bestehen, daß das Individuum Achtung vor den Tieren aufbaut. Damit fordert man das Individuum letztlich auf, damit anzufangen, Achtung vor sich selbst zu haben. Alles andere bedeutet eine endlose Fortsetzung des Zerfalls und des Mangels an Ganzheit. Dies bedeutet nicht, daß das Individuum den Tieren gehorchen muß, denn manchmal kann es passieren, daß sie bei der ersten Begegnung eigennützige Zwecke verfolgen, ein Grund mehr, daß das Individuum so bald wie möglich mit dem Rat der Tiere Kontakt aufnimmt, so daß Elemente, die die Einheit stören, sofort entdeckt werden und bekämpft werden können. Dies wird oft von den anderen Tieren in Angriff genommen.

Wenn ich von »Individuum« spreche, wie im vorhergehenden Abschnitt, beziehe ich mich auf die Identität des Individuums, und diese ist nur ein Teil des Ganzen, das das Individuum ausmacht, denn offensichtlich ist es letztlich auch ein Tier und stellt jene Funktionen dar, die die Tiere symbolisieren, ebenso das Verhältnis zwischen den Funktionen. Aber das »Individuum« erkennt dieses erweiterte tiefere Selbst nicht, und die Beibehaltung einer Identität, die davon losgelöst ist und oft sogar im Gegensatz zu diesem erweiterten alles umfassenden Sein steht, das ist die eigentliche Schwierigkeit des Problems.

Marys erstes Bild, das Aufgehen des Samens, zeigt eine einfühlsame, liebevolle (und vielleicht zarte) Verbindung zu den Quellen ihrer Erziehung. Aber es ist gut, daß die fadenähnlichen Wurzeln tief reichen und die für ihr Wachstum erforderliche Energie reichlich vorhanden ist. Sie ist stark, vielleicht etwas dick oder dicht und fürsorglich. Die Blume zeigt ihre Sensibilität und Ausgewogenheit, und ihre Entwicklung wird erfolgreich verlaufen, wenn sie dies zuläßt, statt zu versuchen, sie zu bestimmen und wenn sie alles zur Verfügung stellt, was für diese Entwicklung erforderlich ist.

Der Intellekt (der Fuchs) hat sich jeglichem Versuch entzogen, ihn zu zähmen oder in bestimmte Schablonen zu pressen. Diese Versuche erzeugten einigen Ärger. Er taktierte recht schlau, und man kann sich vorstellen, wie Mary lernte, den Lehrern das zu geben, was sie von ihr wollten und sich darauf einzustellen, Testfragen zu beantworten, statt ihrem Intellekt zu erlauben, seine eigenen Dimensionen zu entwickeln. Sie versuchte, den Inhalt ihrer eigenen einmaligen und manchmal widersprüchlichen Gedanken zu verbergen, eine Situation, die auf viele Schüler und Studenten zutreffen mag.

Dies wird unterstrichen durch die Tatsache, daß sie offensichtlich mehr auf ihre Worte geachtet hat (die Karikatur der Eule) als auf den Inhalt, so daß ihre Kommunikation wirklich eher eine dürftige Darstellung dessen ist, alles andere als lebendig. Und dies betrübt ihren Intellekt.

Die Tatsache, daß ihr Herz eine Taube ist, zeigt an, daß sie eher friedliebend ist als jemand, der Wirbel verursacht, und die Anfangsbemerkung der Taube (daß sie nicht wie jeder sei, daß sie ein Individuum sei und dies akzeptieren sollte) zeigt uns, daß sie dies vermutlich deshalb getan hat, weil sie versuchte, sich in eine Schablone zu pressen statt ihre Individualität zu akzeptieren.

Ihre Kraft (die Schildkröte) ist sehr geschützt, stark verteidigt, und sie benutzt sie nur zögernd. Diese drückt große Angst vor mir aus, so beruhige ich sie und lasse sie wissen, daß ich ihr traue und sie nicht bedränge, denn sie muß wissen, daß ich sie in ihrer Entwicklung respektiere. Sie gibt Mary auch zu verstehen, daß sie mehr auf Einzelheiten achten und sich nicht durch Geschäftigkeit verzetteln solle; diese Verhaltensweise war vermutlich ihre Methode, den Dingen aus dem Weg zu gehen statt sich damit auseinanderzusetzen. Ihre Kraft steht auch in engem Zusammenhang mit ihrer Kommunikationsfähigkeit.

Doch ihre Entwicklung muß sich hauptsächlich und in erster Linie in ihren Gefühlen abspielen, wo sie auch tatsächlich beginnt (die kleinen Hunde). Es ist dieses Element, dessen Entwicklung den Verlauf darstellt, in dem sich die Integration aller ihrer Bestandteile vollzieht. Bei der ersten Begegnung mit Mary sind ihre Gefühle vermutlich nichts anderes als die unbewußte Übernahme der Gefühle ihrer Mutter oder das Erzeugnis von Gefühlen, die ihre Mutter bei ihr erwartete (die Hundemutter). Doch bald fangen sie an, sich zu unterscheiden, durchlaufen einen positiven Prozeß emotionaler Individuation, wobei sie ihr emotionales Selbst mag.

Ihr Grund-Tier (Sicherheit) ist sehr standfest (die gespreizten Beine der Giraffe) und kann weit sehen (der lange Hals). Es übernimmt sofort eine Führungsrolle (als erstes begegnet es ihr bei der vierten Sitzung), und es stellt auch das Element dar, das die Integration einleitet und die Verantwortung übernimmt, dafür zu sorgen, daß ihre Emotionen richtig genährt und gepflegt werden. Ihre Liebe und Kommunikation haben die Aufgabe, ihre Gefühle zu unterstützen und zu nähren. Ihre Kraft kümmert sich um die Reinlichkeit (Klarheit/Integrität) und Lebendigkeit ihrer Gefühle (in ihrer Ausdrucksform), und der Intellekt, der eine besondere Verbindung zu einem von ihnen hat, ist bereit, sich ihrer Existenz bewußt zu werden und sie zu pflegen, zu reinigen. So daß jetzt alle anderen Fähigkeiten in Beziehung zu ihren Gefühlen treten, was sehr hilfreich ist und ihre eigene gesunde Entwicklung fördert. Durch ihre Gefühle entwickeln auch die anderen Eigenschaften Beziehungen zueinander, die einen gemeinsamen und zusammenwirkenden Mittelpunkt haben.

Der seltsame Traum und die spontane Visualisierung zwischen der vierten und fünften Sitzung bedürfen näherer Erläuterung. Mary befand sich in ihrem Haus (ihrem Sein) und schlief (unbewußt), und etwas betrat den Raum, was nicht hierher gehörte (eine Introjektion). Sie konnte es nicht identifizieren oder in Worte fassen, doch sie erkannte es gefühlsmäßig, schritt sofort zur Tat und jagte es aus dem Haus. Die Tatsache, daß es ein lebhafter Traum war, beweist, wie wichtig er für ihr Leben war. Ihre Art der Erkenntnis und des Handelns vollzieht sich im Bereich der Intuition. Es gibt kein Schwanken, sondern nur ein tiefes Vertrauen in ihre Bewußtheit und die Richtigkeit ihres Handelns.

Wenn wir den Traum als eine Hülle für die spontane Visualisierung ansehen, die sie als nächstes erwähnte, so erleben wir ein sehr gutes Zusammentreffen, und es scheint uns so, als ob sich das gleiche Ereignis auf einer anderen Ebene abspielt. Mary ist mit ihren Tieren zusammen, als etwas Unbekanntes erscheint – die beiden Schwäne. Die Tatsache, daß die Schwäne schwarz und weiß sind, zeigt mir sofort an, daß sie vermutlich zum Bereich der sprachlichen Polarisierung gehören, das heißt, zu der Tendenz der Sprache, Dinge und Ereignisse in gegensätzliche Kategorien einzuteilen. Dies zeigt sich oft auf der Ebene des Intellekts und der Kommunikation, aber auch auf anderen durch schwarz-weiße Tiere: Zebras, Stinktiere etc. Meine Deutung wird außerdem durch die Tatsache untermauert, daß die Eule, das Kommunikationstier, sie akzeptiert. Die Tatsache, daß die Schwäne ein Haus für die Welpen bauen wollen, bedeutet, daß sie bemüht sind, ein begriffliches Gebilde zu schaffen, in dessen Innerem die Gefühle eingeschlossen werden können. Natürlich ist dies eines der Zerrbilder, die uns auferlegt sind, da wir sprechende und soziale Wesen sind: Wir lernen zu Hause und insbesondere in der Schule, daß die Hauptmethode des Funktionierens darin besteht, die Erfahrung und vor allem die emotionale Erfahrung der Verbalisierung oder dem begrifflichen Denken unterzuordnen. Es wird uns beigebracht, unsere Erfahrung erst dann als gültig anzusehen, wenn wir sie beschreiben oder erklären können. Dies ist vermutlich eine der sozialen Introjektionen, die unserer individuellen Ganzheit am meisten schadet. Thorndike vertrat diese falsche Philosophie, als er behauptete, daß alles, was existiert, gemessen werden kann: die Reduzierung oder Übertragung jeglicher Erfahrung in Begriffe, als ob das begriffliche Denken die Grundlage bildete und nicht die Erfahrung, die statische Beschreibung eines dynamischen Vorgangs. Während einer Therapie hört man oft, daß die Patienten ihre Gefühle »verstehen« wollen oder »wissen wollen, was sie bedeuten«. Sie nehmen eine Identität an, die eher auf Ideen und Vorstellungen und dem »was die Leute über sie sagen werden« gründet als auf dem Ausleben der intensiven und leidenschaftlichen Gefühle, die sie empfinden.

Die Tatsache, daß keines der anderen Tiere die beiden Schwäne akzeptiert, ist ein Indiz dafür, daß sie nicht hierher gehören, und Mary hat genügend Vertrauen zu ihren Tieren, um entsprechend zu handeln und die Eindringlinge zu verjagen.

Als sie gehen, verwandeln sie sich in echsenähnliche Geschöpfe. Nach meiner eigenen Erfahrung auf diesem Gebiet rückt das Auftauchen von Echsen, Alligatoren oder Krokodilen, ja Reptilien allgemein, ein ziemlich primitives Abwehrsystem oder Schutzgebiet auf dieser speziellen Ebene in den Brennpunkt. Die Zurückweisung kann bewirken, daß die Schwäne vielleicht ihre Entwicklung umkehren und zur primitiven Verteidigung zurückkehren (zum Beispiel Zurückweisung oder Angenommenwerden), was die Grundlage eines Schutzgebietes darstellt und vielleicht auch den Kernpunkt begrifflicher Unterscheidung. Auf dieser Grundlage könnten sich verschiedene Gedankengänge ergeben. Darunter würde auch die schmutzige Windel eines Babys fallen, eines der ersten Ereignisse, das gesellschaftliche Zurückweisung hervorruft, und die Tatsache, daß der Geruchssinn in der Evolution der erste Sinn war, der sich entwickelt hat.

Die Frage kann auch hypothetisch gestellt werden: Was wäre passiert, wenn die beiden Schwäne hätten bleiben dürfen. Ich vermute, Mary hätte wohl versucht, ihre sich entwickelnden Gefühle zu erklären oder Rechenschaft darüber abzulegen, und zwar im Rahmen eines gesellschaftlich akzeptablen Paradigmas. Sie würde dann feststellen, daß einige ihrer Gefühle im Widerspruch zu einigen begrifflichen Beschränkungen stehen und würde sich ihren zum Vorschein kommenden Gefühlen widersetzen, sie beschränken oder falsch finden, statt zuzulassen, daß sie sich in bezug auf ihr übriges Wesen voll entfalten.

Ich glaube auch, daß der Traum und Marys spontane Visualisierung und im Zusammenhang damit ihre Bewußtheit, Wahrnehmung und ihr Handeln ebenfalls eng verknüpft sind mit der schnellen Zunahme ihrer Kraft, der explosiven Kraft ihrer Schildkröte, so daß die Abwehr nicht mehr länger ihre Hauptsorge ist. Sie ist bereit, ihren Wahrnehmungen und ihrem tieferen Sein zu vertrauen und handelt entsprechend.

Bei der fünften Sitzung zeigt ihr Herz (Taube) an, daß ihr Intellekt (Fuchs) sich entwickeln muß, aber ihre Kommunikation (Eule) und ihr Grund-Tier (Giraffe) finden, daß dies erst erfolgen sollte, wenn mehr gefühlsmäßige Entwicklung stattgefunden hat (bis die Welpen etwas größer sind) und daß es jetzt an der Zeit ist, daß ihr Herz sich entwickelt. Ihr Herz nimmt an Stärke und Umfang zu, wird größer als das eines Friedensstifters (obwohl es immer noch dessen Eigenschaften besitzt), wird ein Element, das aktiv ihre auftauchenden Gefühle nähren kann (ein Adler). Und dies sollte dazu führen, daß Mary sich mit ihrer Schüchternheit und Angst (die Hasen) auseinandersetzt und sie verarbeitet.

Bei der sechsten Sitzung zeigt sich, daß Marys Entwicklung in Konflikt mit elterlichen Kräften gerät, die sie deren eigener Vorstellung unterwerfen wollen. Dies ist nicht allzu erstaunlich, da die meisten Menschen, zumindest in unserer Gesellschaft, gefühlsmäßig auf der Stufe eines Kindes geblieben sind. Unsere Bestrebungen zielen auf die Erziehung und Reifung des Intellekts, aber nicht in gleichem Maße auf die Entwicklung und volle Entfaltung der Gefühle. Kontrolle, vor allem verbale Kontrolle, ist vermutlich die wichtigste Festlegung zwischen den meisten Menschen. Und wir sehen Marys Mutter, die vermutlich an diesem Punkt Marys Stärke, ein Individuum zu sein, erlebt. Wie sie ihre ganze Kraft einsetzt, um Mary weiterhin zu unterdrücken, dadurch aber verbindet, daß ihre eigene Entwicklung über ihre jetzigen Grenzen hinausgeht.

Bei näherer Betrachtung erkennen wir, daß die derzeitige Entwicklung von Marys Gefühlen und ihre Individuation und Differenzierung fast abgeschlossen sind. Nun muß sich ihr Intellekt weiterentwickeln. Sie schätzt ihren Intellekt und seine Überlebensinstinkte und empfindet Wärme und Zuneigung für ihn. Doch sie ist auch traurig, weil sie zulassen muß, daß er sich verändert. Sie ist darüber informiert, daß sie imstande ist, sich dagegen zu sträuben, daß er sich weiterentwickelt. Ihr Verhältnis zu ihrer eigenen Entwicklung muß so sein, daß sie es aktiv erlaubt. Welch falsche Vorstellung wir doch von diesem Erlauben haben, als ob das ein passiver Vorgang wäre. Und hier bei Mary können wir deutlich das Verhältnis zwischen Klammern und Zulassen, zwischen der Behinderung der Entwicklung des Individuums und dem Vertrauen in dessen Entwicklung sehen. Wir erkennen die lebenswichtige Bedeutung unserer Einstellung uns selbst gegenüber. Es war beglückend zu erleben, wie Mary bereit war, aktiv die Verantwortung für die Entwicklung ihres Intellekts zu übernehmen und die Gefühle, die sich daraus ergaben, zu akzeptieren.

Bei der siebten Sitzung zeigt sich ihr neuer Intellekt, das Dickhornschaf: es ist standfest, ausgeglichen, dynamisch, kann Höhen erklimmen und Gipfel stürmen, statt sich, wie gewohnt, in einer Höhle zu verkriechen. Jetzt kann es sich offen zeigen und schnell bewegen. Dieser Intellekt kann in direktem Zusammenwirken in enger Verbindung zu ihrem Herzen und kann in enger Koordination mit ihrer Kraft agieren. Und wir spüren, daß ein weiterer Schritt in der Integration ihrer Elemente getan wurde, was sich in der Folge in ihrem Aussehen und Verhalten zeigt, und sie fühlt sich jetzt wohl in ihrem neuen Sein.

In der achten Sitzung wende ich eine Methode an, die ich immer dann einsetze, wenn es erforderlich ist: das Zusammenbringen der Tiere, damit ein Trauma aus früher Kindheit geheilt werden kann. Es ist immer wieder faszinierend zu beobachten, wie die Tiere spontan die Heilung übernehmen, genau wissen, wo und wie die Heilung erfolgen muß. Und wir erkennen, wie komplex das Trauma ist. Es geht nicht nur um die Brandwunden an den Beinen, sondern auch um das Gefühls-Trauma der Isolierung und Hilflosigkeit, sich in einer Welt der Erwachsenen klein zu fühlen und sich über sein Schicksal zu ärgern. Das plötzliche Auftauchen von Jesus ist interessant, möchte andeuten, daß Mary vielleicht wie das verletzte Kind mit Gott gehadert oder geistigen Trost abgelehnt hat, was an sich schon der Heilung bedurfte. Die Entwicklung des Mädchens im Anschluß an die Heilung und die schließliche Vereinigung mit Mary beweist, daß die Heilung erfolgreich war. Und ob physische Probleme zurückbleiben oder nicht, die psychologischen, geistigen und emotionalen Dimensionen haben ein solches Stadium erreicht, daß sie mit Marys chronologischer Entwicklung harmonieren.

Das nächste Ereignis, Marys Anruf, war in mehrerer Hinsicht bedeutend. In erster Linie besagte es, daß Mary auf das, was sich in ihrem Innern vollzog, achtete, darauf hörte und vertraute, auch wenn sie es nicht verstand. Zweitens zeigte es, daß sie mir so sehr vertraute, daß sie zu einer ungewöhnlichen Zeit anrief und mich um Hilfe bat.

In der folgenden Sitzung ist die Tatsache, daß die Tiere sich an einem neuen Ort (das offene Feld) trafen, von Bedeutung. Wenn sich Tiere an einem neuen Ort treffen, wirft dies den Schatten einer neuen Dynamik voraus oder weist auf eine Neuzentrierung des Individuums hin. Außerdem zeigen die Äußerungen der Tiere an, daß sie einen guten Überblick über die Lage haben und Vorgänge in Marys Entwicklung voraussehen können. Der Pudel, eines ihrer Gefühls-Tiere, erklärt ihr, daß sie viel Herzenskummer erleiden müsse. Die Giraffe spricht vom Konflikt zwischen Anerkennung und Zurückweisung, so wird uns klar, daß das Grund-Tier im Einklang mit Anerkennung oder Zurückweisung steht, oder daß gerade diese Elemente eine entscheidende Rolle bei der Entwicklung ihres Gefühls von Sicherheit spielen. Außerdem lernen wir, daß Erfahrungen durchlebt werden müssen (das erinnert mich irgendwie an Krishamurtis *Schöpferische Freiheit*), wenn unsere Entwicklung weitergehen soll. Und daß diese Erfahrungen, die nicht durchlebt wurden, sich uns zeigen oder sich wieder zeigen, wenn wir in unserer Entwicklung zu diesem Schritt bereit sind.

In dieser Sitzung wird klar erkennbar, wie ich als Therapeut den Tieren in bezug auf den Inhalt und den Rhythmus der Therapie vertraue. Wäre ich zu dieser Zeit mit irgendeiner anderen theoretischen Orientierung befaßt gewesen, zum Beispiel der Gestalt-Therapie, hätte ich sicherlich versucht, mit ihren Gefühlen der Traurigkeit und Verlorenheit zu arbeiten. Sich von den Tieren leiten zu lassen, ist viel natürlicher und präziser, ist so, als ob wir beide, sie und ich, von einer Dimension aus geleitet würden, die viel genauer weiß, was sich in Marys Entwicklung ereignen muß, was in ihrem speziellen Fall bedeutete, im Augenblick gar nichts zu tun. Tatsächlich bin ich als Therapeut letztlich entbehrlich, wenn es um ihre Entwicklung geht. Ich bin nur das Instrument, das sie aus der Situation in bezug auf die Anerkennung ihrer Entwicklung herausholt und sie davon zu überzeugen versucht, unabhängig und vertrauensvoll zu sein und zuzulassen, daß sich die Einmaligkeit ihres Seins im Rahmen ihres eigenen Rhythmus und ihrer eigenen Dimensionen entwickelt, wobei ihr eigenes Bewußtsein auch eine wichtige Rolle spielt.

Ihr nächster Anruf ist ebenfalls eine gute Schilderung für meine Beziehung zu ihr. Es ist nicht nötig, sie telefonisch zu beraten. Jeder, der je versucht hat, telefonisch zu beraten, weiß, daß dies nur mit Frustration verbunden ist, da Grenzen gesetzt sind. Statt dessen konfrontierte ich sie mit ihrer eigenen Entwicklung, einer Dimension, der wir beide inzwischen vertrauten. Und dies zeigt wirklich deutlich, wie ich bei einer Therapiesitzung arbeite. Wenn mir zum Beispiel der Patient erzählt, was er von einem bestimmten Tier hält, bitte ich ihn, dies dem Tier selber zu sagen. Meine Aufgabe ist es nicht, ihn dazu zu bringen, eine Beziehung *zu mir* aufzubauen, auch wenn ich mich um ihn kümmere und tief bewegt bin von seiner Entwicklung. Mein Ziel ist es, dem Patienten zu helfen, eine spezielle Beziehung *zu sich selbst* aufzubauen, die seine Entwicklung nährt und unterstützt. Seine Beziehung zu mir oder meine zu ihm ist dabei sekundär. Und es ist wichtig für Mary zu erkennen, daß ihre Beziehung zu den Tieren ihre eigene ist und daß ihre Entwicklung in ihrer Beziehung zu ihnen ohne mich stattfinden kann. Eigentlich bin ich an diesem Punkt überflüssig.

Bei unserer abschließenden Sitzung spürte ich sofort Marys Energie, als sie den Raum betrat. Sie strahlte eine greifbare und positive Fülle und Integration aus. Bei der Arbeit mit anderen Patienten erlebe ich eine ähnliche strahlende Energie, wenn eine bedeutende Integration stattfindet. Als sie erzählte, wo sie gewesen war, sprühte sie vor Offenheit und Dynamik. Unsere Interaktion war spontan und gegenwärtig. Unsere ersten Worte waren entscheidend für die Frage, wann die Therapie endet: sie endet, wenn die Tiere es für richtig halten. Und sie endet auch, wenn die Tiere sich voll entfaltet haben. Das letzte Tier, das sich entwickelte, war die Eule, ihr Kommunikations-Tier, schließlich war sie wegen Kommunikationsschwierigkeiten zu mir gekommen. Die Eule, die immer noch ihr natürliches Wissen besitzt, hat sich zu einer wundervoll intensiven Lebendigkeit entwickelt.

Ihre Selbstdarstellung ließ mich an die Beschreibungen der Schamanen-Reisen denken: durch Auflösung des Ganzen wird wieder ein neuer Mensch geschaffen. Auch wenn unsere Beschreibungen und das Wissen über die Schamanen oberflächlich sind, ist bekannt, daß sie in einigen Fällen sieben Tierhelfer hatten (Eliade, 1964). In dieser Sitzung erteilte sie mir auch die Erlaubnis, über sie zu schreiben.

Ungefähr ein Jahr später sah ich Mary wieder. Sie hatte gerade ihre Stelle aufgegeben und nahm sich Zeit, um neue Wege zu erkunden. Ihre Familie und Freunde waren schockiert, daß sie »einen so guten Job« ohne besonderen Grund und ohne einen neuen in Aussicht zu haben, aufgegeben hatte. Ihre Reaktion belastete Mary, und sie fragte sich, ob sie das Richtige getan habe. Alle ihre Tiere waren der Meinung, sie habe das Richtige getan, also hörte sie auf, an der Richtigkeit ihres Handelns zu zweifeln. Mary war jetzt auch Mitglied einer religiösen Gruppe und komponierte.

Als wir uns über ihre Tiere unterhielten, erzählte sie mir, daß einer der Hunde drei Welpen geworfen habe, was kontinuierliche Entwicklung bedeutete und eine weitere Differenzierung ihrer Gefühle. Sie berichtete mir auch, daß ein neues Tier, ein

Falke, plötzlich aufgetaucht sei und zur Gruppe zu gehören scheine, auch wenn er sich etwas abseits von den anderen aufhalte. Ich vermutete, daß es sich dabei um ihr Geist-Tier handelte, ein Tier, das ich nicht speziell in die Gruppe der Tiere mit eingeschlossen hatte, als ich angefangen hatte, mit ihr zu arbeiten.

Ich möchte hier noch einmal betonen, auch wenn ich Ihnen meine Gedanken in diesem Kapitel mitgeteilt habe, um Ihr Verständnis für das, was hier abläuft, zu vertiefen, daß ich es nicht für angebracht halte, diese dem Patienten darzulegen. Patienten nämlich, die sich um die Bedeutung der Arbeit Gedanken machen, kommen viel langsamer voran als jene, die unbefangen mit den Tieren in Kontakt treten. Den Verstand zuviel in Anspruch zu nehmen ist ein Teil unserer Krankheit, denn das hält uns davon ab, mit unserem ganzen Ich eine Einheit zu bilden. Der Intellekt ist nur eines der Fenster, durch das wir die Wirklichkeit sehen. Genauso wichtig sind Fenster der Visualisierung und der Gefühle. Diese Einstellung ist das Thema meines nächsten Buches *Animals of the Four Windows* (erschienen bei Moon Bear Press, Santa Fe, 1990).

8
Das Scheitel-Chakra

Im ersten Jahr nach der Entdeckung des Persönlichen Totempfahls arbeitete ich nur mit den Zentren, die den ersten sechs Chakras entsprachen. Anerkanntermaßen liegt das erste Chakra am Ende der Wirbelsäule, aber da ich in einer kleinen konservativen Gruppe arbeitete, erforderte es die Schicklichkeit, daß bei meiner Arbeit der Patient sich auf Gefühle konzentrierte, die im Becken, den Beinen und den Füßen gleichzeitig lokalisiert waren. Seitdem habe ich entweder das Becken oder das Ende der Wirbelsäule als Konzentrationspunkt versuchsweise probiert und habe keinen wesentlichen Unterschied gefunden. Das Tier, das aus dieser Region hervorgeht, ist das Grund-Tier, und seine psychologische Funktion schließt die Beziehung des einzelnen zur Erde und das Gefühl der Sicherheit, *den Boden, auf dem man steht,* mit ein.

Das zweite Chakra befindet sich im Darm oder im Bauch und steht in Verbindung zu den Gefühlen und Leidenschaften. Das dritte ist im Solarplexus angesiedelt und bezieht sich auf die Kraft, sicher, entschlossen und effektiv zu handeln. Das vierte liegt im Herzen und steht in Zusammenhang mit Liebe und Mitleid. Das fünfte befindet sich im Kehlkopf und betrifft die Kommunikation. Das sechste ist in der Stirn und bezieht sich auf Intellekt und Intuition.

Es gibt auch ein siebtes Chakra, das Scheitel-Chakra, das sich auf dem Scheitel des Kopfes befindet. Dieses war seltsamerweise am Totempfahl meiner Patientin, den sie am Wendepunkt ihres Weges wahrnahm, nicht sichtbar. Das Scheitel-Chakra ist befaßt mit dem Verhältnis zum Geist, und ich unternahm keinen Versuch, in diesem ersten Jahr seine dynamische Rolle zu untersuchen.

Im Sommer 1983 nahm Bill Kontakt mit mir auf. Er war besonders daran interessiert, sich der Persönlichen Totempfahl-Methode zu unterziehen. Er war Anfang dreißig und hatte Probleme im Umgang mit seiner Frau und seinen Kindern; nörgelte und kritisierte ständig an ihnen herum. Er war intelligent, konnte sich gut ausdrücken, war mager und angespannt. Vor kurzem hatte er seine Eltern bei einem Autounfall verloren.

Bei unserer ersten Sitzung, als ich ihn in die Methode einführte, war das Tier, das aus seiner Stirn zum Vorschein kam, ein Stinktier, das zu ihm sagte: »Ich bin sehr schön. Ich lebe mein Leben. Wenn jemand mich ärgert oder versucht, mich zu kränken, dann schlage ich zu.« Als ich Bill bat, das Stinktier zu fragen, ob es etwas gebe, das es von ihm wolle, erwiderte es: »Respektiere den Lebensraum, den ich brauche.«

Bills Kehlkopf-Tier war ein Bär. Er beschrieb ihn folgendermaßen: »Er ist wild. Er ist groß... Ich weiß nicht, ob er ein Grizzlybär oder einfach ein Braunbär ist. Auch er ist einfach nur damit beschäftigt, zu fressen und sich um seine eigenen Angelegenheiten zu kümmern.« Als er den Bär fragte, ob er ihm etwas zu sagen habe, erwiderte der Bär: »Ich könnte dich vernichten.« Dies erschreckte und betrübte Bill. Der Bär fuhr fort: »Du siehst mich nicht so, wie ich bin. Schau mich an. Erinnerst du dich, was du zuerst gesehen hast? Wie ich auf meinem Pfad vor mich hintrottete und fraß. Respektiere den Raum, den ich benötige, um mich zu ernähren.« Bill versicherte dem Bär, er würde nicht in sein Territorium eindringen. Dann sagte er zu mir: »Der Bär meint, er lasse es mich wissen, wenn ich zuwiderhandle, und dann werde ich seine Wildheit zu spüren bekommen.«

Als ich Bill bat, sich auf sein Herz zu konzentrieren und einem Tier zu erlauben, aus seinem Herzen zum Vorschein zu kommen, sagte er: »Was sofort auf mich zukam, war ein Kolibri, ein bläulicher Kolibri mit einer rötlichen Brust. Ich stellte mir vor, daß er einen Schmetterling im Schnabel habe. Irgendwie finde ich das widerlich. Der Vogel sagte zu mir: ›Siehst du, wie sinnlos es ist, schöne Dinge zu zerstören und wie irre herumzufliegen? Ich brauche Ruhe, muß mich irgendwo niederlassen.‹ Der Flügelschlag ist nicht rhythmisch. Irgendwas daran stimmt nicht.

Er sagt: ›Du mußt mich gehen lassen, so daß ich meines Wegs gehen kann und du wie du selbst sein kannst. So daß du nicht wie ich bist und ich nicht wie du. Denn du bringst mich dazu, wie verrückt zu fliegen und Dinge zu tun, die nicht meinem Wesen entsprechen.‹ Ich denke, ich weiß nicht, wie mein eigenes Herz ist. Der Kolibri sagt immer wieder: ›Nun, sei der, der du bist.‹ Er sagt zu mir: ›Du bist nicht wie ich.‹ Es ist wie ein gefälschtes Bild. Dieser Kolibri hat etwas Verzweifeltes an sich. Ich habe ihm wirklich geschadet. Fast wie Möwen, die Ölspuren auf den Flügeln haben. Er erklärt mir, dies sei nicht das richtige Bild, nicht das richtige Tier. Du wirst es nicht jetzt gleich erfahren. Ich diene als Beispiel dafür, was du nicht bist.«

Als ich Bill vorschlug, den Kolibri zu fragen, ob er bereit sei, am Rat der Tiere als Mitglied teilzunehmen, erwiderte er: »Er ist verärgert. Es kommt mir so vor, als ob er ein eigenes Interesse daran habe, an dieser Ratsversammlung teilzunehmen. Als eine Möglichkeit, sich von mir zu befreien.«

Ich bat Bill, sein Bewußtsein auf seinen Solarplexus zu konzentrieren und einem Tier zu erlauben, aufzutauchen. Er sagte: »Es ist ein Dschungel. Fast wie ein Gemälde von Rousseau. Viele Tiere. Viele starke, wilde Tiere. Gorillas, Löwen ... eine Maus. Bilder dunkler Mächte. Ich weiß nichts über die Maus. Der Gorilla scheint dort einige Macht zu besitzen.

Er sagt etwas ähnliches wie: ›Ich bin das Symbol, das du am ehesten über diesen Teil deines Selbst verstehen kannst‹.

Er sagt: ›Du fürchtest dich vor deiner eigenen Stärke. Und du hast mich in eine Maus verwandelt. Dadurch, daß du mich als Gorilla siehst, kommt zum Ausdruck, welch große Angst du vor mir hast.‹ Ich sage zu ihm: ›Ich fürchte mich wirklich vor dir. Ich verwandle dich in eine Maus. Vielleicht befürchte ich, du könntest mich ebenfalls vernichten.‹ Und er erwidert: ›Wenn du nicht bereit bist, etwas in bezug auf mich zu unternehmen, werde ich es tun.‹

Er sagt: ›Ich bin ein wütendes, wildes Tier. Und du mußt den richtigen Weg finden, so daß meine ungezügelte, wilde Energie eine Richtung findet, die sie einschlagen kann. Sonst werde ich so frustriert, daß ich dich in Stücke reiße.‹ Er sagt zu mir: ›Wie kannst du es wagen, uns so zu behandeln?‹ Und er spricht damit für die anderen Tiere. ›Wie kannst du uns das antun?‹ Ich bin tief traurig, als ob ich... ihnen Unrecht getan hätte.

Er erklärt mir: ›Du solltest jetzt besser auf uns hören. Wir können dir alles sagen, was du wissen mußt, aber es wäre besser, du würdest achtgeben, oder wir töten dich.‹

Er vermittelt große Entschlossenheit, sehr starken Zorn, und sehr viel Liebe. Er würde mich töten, wenn es sein müßte, um etwas anderes am Leben zu halten. Um seine eigene Energie davor zu bewahren, zerstört zu werden. Er ist ein richtiger Kraftprotz. Irgendwie fühlt er sich wie ein Führer, der Wortführer der anderen.

Als Bill einem Tier erlaubte, aus seinem Bauch aufzutauchen, sagte er: »Ein Schwein ist das Tier, das ich als erstes sehe und das sich gegenüber nachsichtig ist. Es sagt: ›Ich werde verkannt. Und ihr habt über mich die schlechteste und gemeinste Meinung. Dabei lebe ich nur mein Leben. Und akzeptiere jede Art von Futter. Doch ihr seht mich nur als ein Tier, das sich im Dreck wälzt. Und dabei lebe ich nur mein Leben. Tatsache ist nämlich, daß ihr euch im Dreck wälzt. Die Scheußlichkeit seid *ihr!*‹

Bill fuhr fort: ›Ich möchte wissen, wie es lebt. Ich möchte wissen, wie es mit seinem Leben zurechtkommt. Worin besteht der Unterschied, und wo sind wir gleich?‹ Das Schwein sagt: ›Ich nehme es, wie's kommt, um zu leben. Und ich kann mehr hinnehmen, als ihr es könnt.‹ Dies macht mich sehr traurig. Ich fühle mich keineswegs friedlich. Obwohl das Schwein offensichtlich so friedlich ist. Und es sagt zu mir: ›Du siehst Abfall, Schlampigkeit und Schmutz. Ich sehe Futter und das Leben. Du siehst mich nicht so, wie ich bin. Du siehst nur deine Häßlichkeit, die du auf mich wirfst. Sieh mich an.‹

Das Schwein ist so sauber. Es ist makellos. Und ich bewerfe es mit schlammiger, häßlicher, haariger Scheußlichkeit. Es sagt zu mir: ›All das hier ist Futter, wovon du wachsen kannst.‹

Ich schlug Bill vor, er solle das Schwein fragen, ob es etwas benötigte. ›Nein. Ich kann alles akzeptieren‹, sagt es, ›was auch immer mir gegeben wird, kann ich annehmen. Was ich von dir brauche‹, fährt es fort, ›was ich gern von dir hätte, aber nicht benötige, was ich um deinetwegen gern von dir hätte, ist, daß du mich so siehst, wie ich bin. Wenn du mich so siehst, wie ich bin, befreist du dich selbst. Ich möchte zum Rat der Tiere gehören.‹

Es scheint, daß es dort ist, aber nur um zuzuhören. Es scheint empfänglich zu sein und akzeptierend. Und ich glaube, es kann mir auf diese Art und Weise einiges beibringen.«

Als ich ihn bat, sein Bewußtsein auf sein Becken, seine Beine und Füße zu konzentrieren und einem Tier zu erlauben, aus dieser Region aufzutauchen, sagte er: »Das erste Tier, das in Erscheinung trat, das einzige, auch wenn ich viel Widerstand ihr gegenüber empfinde, ist eine Raupe. Sie wackelt herum wie ein Penis. Die Raupe sagt: ›Du weißt nicht, was du mit mir anfangen sollst, und du weißt nicht, was du in bezug auf mich unternehmen sollst. Ja, sieht ganz so aus, als ob ich nur das Vergangene habe.‹ Sie sagt: ›Laß die Vergangenheit Vergangenheit sein. Ich glaube, ich bringe es fertig.‹ Sie sagt über sich selbst: ›Ich kann gar nicht anders, als mich von der Vergangenheit zu lösen.‹ Sie sagt auch, daß es nicht ihrem Wesen entspreche, an der Vergangenheit zu hängen. Es geht immer weiter. Aber ich könne... sie bekämpfen. Sie möchte, daß ich sie einfach beobachte und bei ihr bin. Laß mich das in mir selbst durchmachen, was die Raupe in sich durchlebt. ›Sei nicht das, was du nicht bist‹, sagt sie zu mir.«

Ich machte mir jetzt ernsthafte Sorgen um Bill und seinen offensichtlichen Bezugsmangel zu seinen Tieren. Die sichtbare Wildheit und potentielle Zerstörungswut des Bären und des Gorillas, die Ratlosigkeit und der Zorn des Kolibris, die Angriffslust des Stinktiers, wenn es provoziert wird, die offensichtliche verzerrte Meinung über das Schwein und die Tatsache, daß die Raupe sich als sein Grund-Tier entpuppte, all das beunruhigte mich.

Ich hatte das Gefühl, daß ein verzweifeltes Verlangen nach etwas Positiverem bestand, eine Seite von Bills tieferem Ich, mit dem er eine positivere Beziehung herstellen müßte. Also beschloß ich, Zugang zum Scheitel-Tier zu finden. Ich bat

Bill, einem Tier zu erlauben, direkt über seinem Kopf erscheinen zu dürfen.

»Ohne Umschweife tritt ein Einhorn in Erscheinung. Es ist sehr schön, blendend weiß und glänzend. Und sein Horn ragt kerzengerade nach oben.

Es sagt: ›Du kannst dir nicht vorstellen, wie schön ich bin.‹ Und es sagt dies ohne Arroganz. Es sagt es mit Freude und Liebe. Es klingt fast wie: ›Hast Du etwas Schönes für dich auf Lager? Wenn du mich reitest, bringe ich dich zu Gott.‹«

Ich schlug vor, Bill solle es fragen, ob es ihn jetzt gleich dorthin bringen könne.

»Es sagt, jetzt ist nicht der richtige Zeitpunkt dafür. Es meint: ›Du mußt dich läutern, mußt bereit sein, mußt dich von einigen Dingen lösen. Du mußt nackt sein. Und wenn du bereit bist, dann gehen wir. Es ist wirklich großartig.‹

Es sagt: ›Bitte, tu's. Gönne es dir. Es ist so schön, du kannst es dir nicht vorstellen.‹

Ich fühle mich wirklich davon angezogen, möchte es tun. Ich tu, was ich tun muß, um mit ihm zusammen zu sein, mit ihm zu gehen.«

Ich schlug Bill vor, das Einhorn zu fragen, ob es bereit sei, ihn zur Versammlung der Tiere zu begleiten. Er erwiderte: »Es zögert.«

Ich trug ihm auf, es zu fragen, ob er sie versammeln und zu dem Einhorn bringen solle. Er erwiderte: »Genau darum geht's, ich sollte sie zu ihm bringen und sie um es scharen. Das werde ich auch tun.

Da ist das Stinktier. Es huscht herbei. Es ist so schön. Und der Bär stapft schwerfällig seines Wegs, den er gut kennt. Der Kolibri fliegt direkt hinauf. Der Gorilla ist so riesig, so unglaublich stark. Er schwingt sich wie Tarzan von Baum zu Baum zu uns herauf. Das Schwein lächelt und bewegt sich langsam auf den Kreis zu. Und die Raupe war schon zuvor einen Ast hinaufgekrochen. Sie kriecht quer hinüber, quer über den Raum. Nur die Beine des Einhorns bewegen sich. Es wirkt, als ob es kaum den Boden berührte, da es so viel nach oben gerichtete Energie besitzt. Es befindet sich direkt in der Mitte. Fast wie der Gobelin in dem Kloster in New York, auf dem ein

Einhorn abgebildet ist, das von einem Zaun umgeben ist. Aber hier sind anstatt des Zaunes alle Tiere. Da ist das Stinktier, der Bär. Auch der Kolibri fliegt weiterhin rastlos herum. Und der Gorilla wirkt so riesig und blickt so streng. Und das Schwein liegt einfach da, schaut und atmet. Auch die Raupe ist da ... und schaut.«

Ich bat Bill, ihnen dafür zu danken, daß sie sich versammelt hatten und ihnen gegenüber eine Erklärung abzugeben über seinen Entschluß, sich entwickeln zu wollen und sie um ihre Hilfe und Mitwirkung zu bitten.

»Sie sind argwöhnisch, nein, nicht argwöhnisch, sondern mißtrauisch. Und trotzdem sagen sie: ›Wir haben alles, was du brauchst.‹ Darin liegt viel Fürsorge ... eine Art Brüderlichkeit.«

Ich schlug vor, Bill solle sie fragen, ob sie sich untereinander beraten wollten, um herauszufinden, was ihre erste Anweisung sein würde.

»Ich sehe, wie sie mit den Köpfen nicken. Und sie entfernen sich. Der Kreis löst sich auf, und sie ziehen sich zurück und ich sehe nur noch Köpfe und Hinterteile und sie beratschlagen untereinander. Ich beobachte sie aus einer Entfernung von etwa 5 Metern. Sie drängen sich zusammen. Ich glaube, sie sagen alle: ›Er hat mich ignoriert. Er hat mich ganz falsch gesehen. Er hat mir keine Aufmerksamkeit geschenkt. Er muß Kontakt mit mir aufnehmen.‹ Ein goldenes, weißes Licht strahlt vom Horn des Einhorns auf sie alle herunter, eingebend, und die Worte lauten: ›Er muß sich besinnen, wohin er geht.‹ Und dieses Licht berührt alle Tiere ... als ob ... es die Bedeutung jedes einzelnen in meinem Leben erhellen wolle. Das Einhorn und die Raupe lassen dieses Licht ... es ist sehr verwirrend ...

Es geht lebhaft zu. Sie reden alle durcheinander; es herrscht ein richtiges Kauderwelsch. Ich kann nur wenig aufschnappen. Ich überlege, daß sie wohl einen Wortführer wählen werden. Denn sie sind alle ... Sie wissen, was ich meine, sie fühlen sich alle seit langem übergangen, daß sie alle ... das Einhorn versucht, sie zu beruhigen, und doch ist das Einhorn kein guter Wortführer, weil ... es zu ... zu entfernt ist ... zu ... anders ist. Es ist fast ... wie die höchste Erscheinung irgendwelcher Art. So ... ist es das Stinkier? ... Ich habe das Gefühl, der Gorilla ist es. Einer von ihnen sagt: ›Wie wär's, wenn er einen Tag opferte, um jeden einzelnen von uns kennenzulernen. Wir sind sieben, für sieben Tage in der Woche, und in der nächsten Woche könnte er täglich einen von uns besuchen.‹ Es sieht so aus, als ob dieser Vorschlag Interesse fände. Sie fühlen sich mir gegenüber fremd. Nicht so, wie ich ihnen fremd bin, denn sie haben beobachtet. Aber sie sind Fremde für mich. Und das verletzt sie. Sie fühlen sich geringschätzig behandelt. Sehr geringschätzig. Und sie sagen jetzt: ›Nun, gut. Was ist das einfachste, womit er fertig werden kann? Wer von uns ist für ihn am unkompliziertesten im Umgang? Es deutet alles auf das Stinktier hin. Nun denn.‹

»Ich weiß nicht, was ich als nächstes tun soll, und sie beobachten mich, warten, daß ich die Initiative ergreife.«

Ich fragte Bill, ob er bereit wäre, das zu tun, was sie vorschlugen, jeden Tag etwas Zeit mit ihnen zu verbringen, täglich mit einem anderen Tier. Er erwiderte, er sei bereit. Als wir uns über den Ablauf dieser Versammlungen unterhielten, sagte Bill: »Auch wenn ich es nicht ernst meine, *sie* schon. Sie machen weiter wie immer, selbst wenn es mich das Leben kostet. Ich bin beschämt darüber, wie unehrlich ich bin. Es ist, als ob ... ich wollte, daß sie mich lehrten, rein und klar zu sein. Und die Raupe sagt: ›Beobachte mich. Finde diese Klarheit in dir selbst.‹ Eines der Tiere, ich weiß nicht mehr, welches, vielleicht war es wieder die Raupe, sagte: ›Sei bereit, einfache Dinge zu verrichten, und paß auf, während du sie ausführst. Widme ihnen deine volle Aufmerksamkeit.‹ Dann gibt es da ein Bild des Gorillas, der sagt: ›Weißt du, es ist bei uns allen genauso. Wir haben alle unterschiedliche Energien und jeweils einen anderen Stil und anderes mehr, aber wir drücken uns alle klar und sehr schlicht aus.‹ Sie führen mir meine eigene schmutzige Denkweise vor Augen. Ich habe das Gefühl, es ist vorüber.«

Ich war tief bewegt von der Kraft des Einhorns, ebenso Bill. Sobald es erschien, konzentrierten sich die anderen Tiere auf dieses prächtige Tier, das ihnen eine gemeinsame Richtung wies und sie dazu brachte, ihren anfänglichen Ärger über Bill zu überwinden und sich gemeinsam um seine Entwicklung zu kümmern. Es wies ihm auch eine Richtung, die aus positiven

Energien bestand. Der Schritt von den ersten sechs Tieren zum Einhorn zeigte in diesem Fall die psychologische Wirkung der Umwandlung von Uneinigkeit und Spaltung in Einigkeit und Integration. Obwohl ich vorher nur mit den ersten sechs Chakra-Tieren gearbeitet hatte und bei den Patienten gute Erfolge bei ihrer Entwicklung erzielt hatte, erkannte ich das Potential des Scheitel-Tiers, offensichtliche Probleme zu lösen und ein neues Stadium vereinten Handelns zu erreichen. Von diesem Tag an schloß ich das Scheitel-Tier in die Persönliche Totempfahl-Methode mit ein.

Der Patient, der mich in diese Methode einführte, konnte meinen Totempfahl sehen, aber hatte offensichtlich mein Scheitel-Tier nicht erkennen können, so daß meine anfänglichen Erforschungen dieses siebte Tier nicht erfaßten. Später, als ich mein eigenes Scheitel-Tier suchte, wurde mir bewußt, aus welchem Grund es ursprünglich nicht entdeckt worden war: es war kein Tier, sondern ein Strahl goldenen Sonnenlichts.

9
Niemand wird je wieder mit mir reden

Anfang 1984 suchte mich eine Frau auf, die einen meiner Vorträge über geführte Visualisationen gehört hatte. Sie erzählte mir, sie sei den größten Teil ihres Lebens Alkoholikerin gewesen und hätte alle möglichen Programme und Therapien hinter sich gebracht, um von ihrer Sucht loszukommen. Sie war jetzt bei den Anonymen Alkoholikern und war in den letzten sieben Jahren »trocken« gewesen. Sie war 39 Jahre alt, hatte ihr eigenes Geschäft, besuchte Abendkurse und hatte vor kurzem eine mehrjährige Beziehung gelöst. Sie war dünn und angespannt und wirkte spröde auf mich. Sie hieß Sue.

Instinktiv leitete ich Sue in eine Visualisierung und begann an einer Stelle, die ich bis dahin nur mit einem halben Dutzend Personen erforscht hatte, d.h. bei den Hand-Tieren. Ich hatte erst damit angefangen, die Technik zu untersuchen, die darin bestand, einem Tier zu erlauben, aus jeder Hand aufzutauchen und zwar um festzustellen, ob sie dazu eingesetzt werden konnten, eine Unausgewogenheit zwischen der linken und rechten Gehirnhälfte abzuschätzen und eine Integration zwischen ihnen zu bewirken.

Das Tier, das aus Sues linker Hand auftauchte, war ein kleiner schwarzer Scotchterrier in einem Käfig in einer Tierhandlung. Dieser sagte, er wolle ein Heim und wolle geliebt und umsorgt werden. Sie sagte zu ihm, sie wolle ihm ein Heim geben, aber er fürchtete sich, mit ihr heimzugehen, fürchtete sich vor dem großen Schäferhund.

»Ich versicherte dem Scotchterrier, ich werde ihn beschützen, doch er ist immer noch ängstlich«, sagte Sue. »Er hat keine Möglichkeit, sich selbst vor diesem großen Hund zu schützen. Er würde versuchen, sich mit ihm anzufreunden, wenn ich dabeisein würde, wann immer der große Hund anwesend war. Er ist jetzt glücklich, schleckt mich ab und schmust mit mir.«

Ich bat dann Sue, zu erlauben, daß ein Tier aus ihrer rechten Hand auftauchte. Es war der große Schäferhund. Er war ärgerlich und knurrte.

»Er ist ärgerlich, weil ich etwas heimbringen möchte, mit dem er teilen muß. Aber er möchte nicht teilen und er gibt mir zu verstehen, er würde diesen kleinen Hund verletzen, wenn ich ihn mit nach Hause brächte. Er sagt, er kümmere sich um das Haus, sei dafür verantwortlich und werde mit keinem teilen. Ich versuche, ihn zu streicheln und er knurrt mich an, geht hin und her und starrt mich an. Ich traue mich nicht, den kleinen Hund unter meinem Mantel hervorzuholen. Vielleicht greift er uns beide an. Und in diesem Augenblick weiß ich nicht, ob ich ihn vor die Tür setzen kann, denn wenn er nicht selber gehen möchte, kann ich ihn nicht vor die Tür setzen. Er ist nicht glücklich.

»Er hat den Körper eines Schäferhundes, aber das Gesicht eines dieser afrikanischen Hunde. Sein Gesicht ist zu klein für seinen Körper. Ich sprach ihn darauf an, und er erklärte mir: ›Ich bin halb wild, halb gezähmt.‹ Er ist unberechenbar und schwierig im Umgang. Manchmal ist die Wildheit in ihm stärker als seine Zahmheit. Er möchte so zahm wie andere Hunde sein, doch eine Seite an ihm ist tückisch, und er zeigt kein Erbarmen mit seinem Opfer.«

Ich fragte Sue: »Welche Aufgabe hat er bei Ihnen?«

Sie antwortete: »Mich am Leben zu erhalten.«

Ich fuhr fort: »Ist dies die Aufgabe des Kopfes oder des Körpers?«

»Die Aufgabe des Kopfes.«

»Welche Aufgabe hat der Körper?«

»Mein Gefährte zu sein und mich zu beschützen.«

»Ist dies nicht manchmal ein Konflikt?«

»Er weiß nichts über Konflikte.«

Ich bat sie, ihm zu sagen, daß er zu einer Tierfamilie gehöre und daß sie in Kürze alle zusammenholen werde.

Sie erwiderte: »Er möchte sie nicht treffen.«

»Weshalb nicht?«

»Da er sich nur um sich selbst und sein Überleben kümmert.«

Ich bat sie, ihm zu sagen, daß sie sich auch Sorgen um sein Überleben mache, daß sie ihn brauche, damit er sie beschütze, aber daß sie sich im Augenblick auch Gedanken über ihre Weiterentwicklung mache.

»Er vertraut mir wirklich nicht. Sondern nur sich selbst. Und wenn er in Gefahr ist, kann er sich aufblähen und sich größer machen. Während ich mit ihm rede, scheint er zu wachsen. Als ob er größer als ich sein müßte – nein, er ist nicht größer als ich, er ist größer als irgend jemand sonst, den er treffen könnte.«

»Ist dies nicht manchmal etwas anstrengend?«

»So etwas kennt er nicht. Er sagt nur, er wisse, was er zu tun habe, um zu kontrollieren, robust und sehr bedeutsam zu sein.«

Ich bat sie, ihm zu sagen, sie freue sich, ihn kennenzulernen, solle zugeben, daß sie ihn eine Zeitlang vernachlässigt habe, und ihn dann alleine lassen.

Aufgrund der starken Diskrepanz zwischen den beiden Hand-Tieren und der Feindseligkeit seitens des Schäferhundes, machte ich keinen Versuch, eine weitere Interaktion zwischen den beiden herbeizuführen. Offen gesagt, ich war beunruhigt und wandte mich den Chakra-Tieren zu.

Als ich sie bat, einem Tier zu erlauben, aus ihrer Stirn in Erscheinung zu treten, sagte sie: »Etwas möchte herauskommen, doch es kommt nicht heraus. Ich kann nur sagen, daß es ein Vogel ist, doch er kommt nicht heraus. Ich glaube, er hat Angst.«

Ich bat sie, ihn zu fragen, ob er etwas von ihr brauche, und sie erwiderte: »Er hat Angst vor dem großen Hund.«

Ich bat sie dann, ihm zu sagen, daß sie mit den anderen Tieren Kontakt aufnehmen und dann wieder zurückkehren würde.

Als ich sie bat, einem Tier zu erlauben, aus ihrer Kehle zum Vorschein zu kommen, erwiderte sie: »Es ist ein großer Ochsenfrosch, doch er kommt auch nicht heraus. Er fürchtet sich auch vor dem Hund. Ein Biß und er wäre tot.«

Ich ließ sie ihn fragen, was er von ihr benötigte.

»Schutz! Ich sage ihm, daß ich bereit sei, ihn zu beschützen. Er sagt, er glaube das erst, wenn er es erlebe.«

Ich bat sie, einem Tier zu erlauben, aus ihrem Herzen zum Vorschein zu kommen. Sie erwiderte überrascht: »Es ist der kleine Scotchterrier.«

»Was macht er in Ihrem Herzen?«

»Er sagt, er sei schon immer hier gewesen, aber er ist nicht jung, er ist alt.« Als Sue dies sagte, fing sie an zu weinen.

»Fragen Sie ihn, ob er den Hund in Ihrer linken Hand kennt«.

»Er sagt, es ist der gleiche. Er hat das Gefühl, für immer ein Baby zu sein.«

»Finden Sie heraus, ob es noch etwas gibt, das er Ihnen in diesem Augenblick erzählen möchte.«

»Es ist schon lange her, seit er versuchte, mit mir zu reden. Er wollte so viele Dinge tun und war doch nicht imstande dazu. Schließlich dachte er, er würde ersticken und sterben.«

Unsere Therapiestunde war vorüber, und der nächste Patient wartete, doch ich verspürte die Notwendigkeit, Sue mit ihrem Scheitel-Tier in Verbindung zu bringen, bevor sie ging. Ich bat sie, zu erlauben, daß ein Tier direkt über ihrem Kopf in Erscheinung trete.

Sie erwiderte: »Es ist ein Geier. Er hat sich in meinem Kopf niedergelassen. Er wartet darauf, daß der kleine Hund stirbt.«

»Wie lange wartet er schon?«

»Seit langem.«

Ich schlug vor, sie solle ihn fragen, ob er etwas von ihr benötigte.

»Nein. Ich habe das Gefühl, er wird nicht hier bleiben. Er ist nur vorübergehend hier. Er nimmt den Platz von jemand anderem ein. Er sagt, es stimme. Es pflegte jemand anderer an seiner Stelle zu sitzen und er vertrieb ihn bei einem Kampf. Dieses andere Ding beschützte den kleinen Hund, und schließlich gewann der Geier und der Andere mußte gehen.«

»Wer war das?«

»Er sagte, es wäre Jonathan die Möwe, und er sagt, sie sei das Tier in meinem Hirn, wo sie sich jetzt verbirgt. Die Möwe fliegt gern, doch sie kommt nur heraus, wenn sie weiß, sie ist sicher. Wenn der Hund und der Geier nicht mehr da sind, oder wenn sie keine Bedrohung darstellen, oder wenn sie beschäftigt sind, kommt sie heraus und steigt in die Lüfte auf.«

Als Sue sich von mir verabschiedete, bat ich sie, mich anzurufen, wenn es erforderlich sei.

Als Sue eine Woche später wiederkam, erzählte sie mir, nach unserer letzten Sitzung sei ein paar Tage alles wie verschwommen gewesen. Sie sagte, es sehe so aus, als ob sie sich am Rande einer altbekannten Traurigkeit befinde, die vermutlich mit ihrem Vater zu tun habe.

Sie erzählte mir, im Alter von vier sei sie in der Nähe ihres Hauses von einem Mann belästigt worden, wenn auch nicht ernsthaft. Der Mann war gefaßt und ins Gefängnis gesteckt worden.

Nach einer kurzen Entspannung bat ich sie, einem Tier zu erlauben, aus ihrem Solarplexus in Erscheinung zu treten.

»Es ist ein Schwarzbär, der auf einer Lichtung im Wald herumgeht.«

»Fragen Sie den Schwarzbär, ob er Ihnen etwas erzählen muß.«

»Er sagt, er kenne mich wirklich nicht.«

»Fragen Sie ihn, ob er etwas von Ihnen benötigt.«

»Er sagt, er benötige Friedfertigkeit und Gemütsruhe.«

»Wie kann dies erreicht werden?«

»Er sagt, indem ich meine Gefühle unter Kontrolle bekomme. Ich sage ihm, daß ich es tun werde, und er erwidert sarkastisch: »Jaja, das habe ich schon mal gehört.«

Ich bat sie dann, einem Tier zu erlauben, aus ihrem Bauch aufzutauchen.

»Es ist ein Krokodil im Wasser.«

»Gibt es etwas, das es Ihnen sagen muß?«

»Nein.«

»Braucht es etwas von Ihnen?«

»Daß ich mich mehr um es kümmere.«

»Wie kann dies erfolgen?«

»Indem ich nicht so ängstlich bin und besser auf mich achte. Furcht macht mich ängstlich.«

Sues Grund-Tier war eine Giraffe, die rannte. Ich bat sie, zu erkunden, ob die Giraffe ihr etwas zu sagen hätte.

Sie hat nicht viel Zeit zu reden, weil sie vor all den Dingen, die sie verfolgen, davonläuft.

»Wie können Sie helfen?«

»Indem ich diesen Dingen, die sie jagen, Einhalt gebiete.«

»Was sind das für Dinge?«

»Ich weiß nicht.«

An dieser Stelle von Sues Therapie führte ich eine Methode ein, die ich schon einige Zeit bei der Totempfahl-Arbeit benutzt hatte – die Methode, sich in die Tiere zu verwandeln.

Zu Beginn dieser Arbeit hatten einige Patienten gelegentlich erlebt, daß sie sich plötzlich subjektiv als ein Tier bewußt wurden oder Erfahrungen aus der Perspektive eines Tieres machten. Dieses Bewußtsein schien bemerkenswerte Einsichten zu gewähren, nicht nur in bezug auf die Person, sondern auch in bezug auf das Leben der Tiere. Zum Beispiel sagte mir eine Patientin, nachdem sie sich als ihr Scheitel-Tier, einen Adler, erlebt hatte, geflogen und auf einem Sims gelandet war, zu mir: »Die Erde erscheint den Vögeln weich. Sie empfinden die Felsen nicht so hart wie wir.« Ein anderer Patient berichtete mir, nachdem er ein Elefant gewesen war, daß der Rüssel so sensibel und feinfühlend in seiner Bewegung sei, daß er die Festigkeit und Kraft des Körpers auszubalancieren scheine. Außerdem sagte sie, der Rüssel sei ihr wie eine direkte Ausdehnung des Gehirns des Elefanten vorgekommen.

Wie immer bei meiner Arbeit mit den Tieren, werden sie mit dem gebührenden Respekt behandelt. Der Patient wird nur dann ein Tier, wenn das entsprechende Tier damit einverstanden ist und der Patient ebenfalls zustimmt. Der Patient wird dann gebeten, in das Tier zu schlüpfen und dessen Form und Größe anzunehmen; die Welt durch seine Haut (sein Fell oder seine Federn) zu spüren, durch seine Augen zu sehen, durch seine Ohren zu hören, seine Gefühle zu empfinden, seiner Orientierung und Einstellung bewußt zu sein und die Welt aus der Perspektive des Tiers zu sehen. Dann bitte ich den Patienten, mir zu berichten, was ihm dabei am meisten aufgefallen sei.

Wenn das Experiment vorüber ist, wird der Patient gebeten, wieder aus dem Tier herauszuschlüpfen und ihm für die Erlaubnis der Verschmelzung zu danken.

An dieser Stelle beginne ich immer mit dem Grund-Tier und bewege mich Schritt für Schritt zum Scheitel-Tier hoch. Ich mache dies aus theoretischen Gründen: um die Kundalini-Energie nach oben zu treiben. Wenn ich mich in dieser Richtung bewege, kann ich mit dem Scheitel-Tier aufhören, das dann die Vorbereitung für die Einberufung der Tierversammlung übernimmt, da ich bezeichnenderweise das Scheitel-Tier befrage in bezug auf die Angemessenheit und das Vorgehen bei der Bildung der Tierversammlung.

Als Sue die Giraffe wurde (das Grund-Tier), erzählte sie mir: »Wenn sie rennt, hat sie so viel Kraft in den Vorderbeinen, daß der hintere Teil ihres Körpers mitgezogen wird. Am stärksten ist der vordere Teil des Körpers. Sie ist »schizoid« blickt sich immer um. Sie scheint bedroht zu werden, als ob etwas sie anspringen wollte. Bei der geringsten Bewegung zuckt sie zusammen. Sie kennt kaum etwas anderes als Angst."

Als sie sich in das Krokodil verwandelte (Bauch-Tier), sagte sie: »Es ist sehr behäbig, sucht nach etwas, das ins Wasser fällt und ihm als Imbiß oder Mahlzeit dient. Auch wenn es wie tot wirkt, bemerkt es alles, was um es herum vor sich geht. Auch wenn es sensibel ist, gesteht es sich dieses Gefühl nicht ein. Es gleitet geschmeidig durchs Wasser und obwohl es plump wirkt, ist es wendig, sieht aus, als ob es auf etwas wartete. Ich habe das Gefühl, daß es irgendwann in einem großen Aufruhr war und sich jetzt nicht gestattete, wieder in diese Situation zu geraten und es zu spüren.«

Als sie sich in den Schwarzbär verwandelte (Solarplexus-Tier), sagte sie: »Wenn er geht, schwankt er hin und her. Er ist in seinem eigenen Raum, seiner eigenen Welt, von wenig berührt, was um ihn herum passiert. Er spielt und schläft gern, liebt es zu fressen und zu erkunden. Er hat nicht allzuviele Befürchtungen, hat aber Angst, gefangen oder in die Enge getrieben zu werden, fürchtet sich, aus einem Feuer nicht herauszukommen oder daß Menschen ihn einfangen könnten, und er vielleicht kämpfen muß. Er würde kämpfen, wenn es sein müßte, doch er würde lieber einem Kampf aus dem Weg gehen. Ein Gefühl der Sicherheit und Geborgenheit: »Ich weiß, wo ich bin. So eine Art von – ›Dringt nicht in mein Gebiet ein.‹ Eine Menge Spaß.«

Als sie sich in den Scotchterrier verwandelte, sagte sie: »Ich fühle mich, als ob ich aus dem All herunterfalle, in einem dunklen kegelförmigen Tunnel im Kreise wirbelnd. Da ist viel Furcht. Fast ist es so, als ob ich unaufhörlich fallen würde. Ich falle und falle, wirble in dieser Dunkelheit herum – es erinnert fast an so etwas wie ein Zeit-Tunnel. Nun ist es ein kleines, vielleicht vier oder fünf Jahre altes Mädchen, das fällt. Vielleicht bin ich es. Das Mädchen hat Zöpfe. Ich kann mich nicht erinnern, jemals Zöpfe gehabt zu haben.

Sie ist verletzt, und niemand versteht das. Sie glaubt, sie sei böse gewesen und sie versteht nicht, weshalb alle flüstern und ihre Fragen nicht beantworten mögen. Man bringt sie zum Arzt und alle sind so verärgert.

Niemand sagt ihr, was los ist. Sie glaubt, wenn niemand ihr etwas sagen möchte, muß sie wohl etwas wirklich Schlimmes getan haben. Sie hat böse Träume und geht dann und schläft bei ihren Eltern, doch nach wie vor redet niemand mit ihr über ihre Träume. Jeder möchte sie ... in Watte packen, und sie möchte lediglich frei sein und empfinden.«

»Der Scotchterrier ist wieder da. Er sagte mir, daß es in Ordnung sei, daß sie nicht verstünden, keine Worte fänden, mit ihr zu reden und er versucht habe, mir zu sagen, daß ich in Ordnung sei, daß ich nichts falsch gemacht habe. Ich habe einen Drang, für zu vieles die Verantwortung zu übernehmen, für zuviel Schuld. Der kleine Scotchterrier ist müde.«

Wir ließen das kleine Mädchen beim Scotchterrier und wandten uns dem Kehlkopf-Tier, dem Ochsenfrosch, zu.

Als sie sich in den Ochsenfrosch verwandelte, sagte sie: »Er scheut sich, seine Gedanken auszusprechen. Er ist wirklich unsicher. Er würde sich lieber verstecken, nicht herauskommen, vielleicht nachts, wenn ihn niemand sehen kann. Er hat die Einstellung ›warum erst versuchen?‹ Er ist wirklich ein Einzelgänger.«

Als Möwe sagte sie: »Es ist so friedvoll, dahinzugleiten. Sie hat gute Augen, die scharf und wachsam sind. Sie möchte zu so vielen Dingen aufsteigen Sie hat zu bestimmten Zeiten versucht, zu fliegen und in große Höhen aufzusteigen. Sie wurde verletzt, dann versteckte sie sich, kam aber wieder heraus, um es noch einmal zu versuchen. Sie scheint intelligent und stolz zu sein. Sie befürchtet, abzustürzen und in meinem Kopf eingeschlossen zu sein.«

»Ist sie jetzt dort eingeschlossen?« fragte ich.

»Nicht gerade jetzt, doch sie war es.«

Unsere Zeit war jetzt um. Doch zuvor wollte ich, daß Sue in die Vergangenheit zurückging, um festzustellen, wie es dem vierjährigen Mädchen ging. Das Mädchen hatte viele Fragen, die Sue beantwortete. Sue erklärte ihr, daß ihre Eltern nicht böse auf sie gewesen seien, nur besorgt. Ihre Eltern waren über den Mann, der sie belästigt hatte, aufgebracht gewesen, aber nicht über sie. Sie erklärte der Kleinen, daß es ihren Eltern schwer gefallen sei, mit ihr über sexuelle Dinge zu reden, und das war einer der Gründe, weshalb sie so schweigsam waren. Das Mädchen entspannte sich, da sie immer besser verstand und sich jetzt besser fühlte.

Sue sagte: »Seit langem hat sie sich danach gesehnt, mit jemandem zu reden. Ich liebe sie.«

10

Erwachsenwerden

Als ich Sue wiedersah, berichtete sie mir, daß sie nach unserer vorherigen Sitzung zwei Tage lang verwirrt gewesen sei. Sie hatte fast ständig das kleine Mädchen um sich gefühlt. Dies ängstigte sie, da sie nicht wußte, was sonst noch dabei herauskommen würde.

Doch jetzt wirkte Sue entspannter. Sie sagte, ihre Beziehung zu ihrem Vater verlaufe jetzt friedlicher, obwohl sie nicht mit ihm darüber geredet hatte.

In ihrer Visualisierung ging der Scotchterrier (Herz-Tier) spontan auf sie zu. »Er ist heute sehr lebhaft. Er fühlt sich heute wohl, ist nicht traurig.«

Als er gefragt wurde, ob er etwas brauche, erwiderte er, daß er sich wünsche, Sue solle ihrem Kummer auf den Grund gehen, so daß sie sich besser fühlen werde. Sie erklärte sich damit einverstanden.

Auf Vorschlag des Scotchterriers besuchten sie das kleine Mädchen.

»Sie sieht heute nicht so traurig aus, spielt mit dem kleinen Hund. Der kleine Hund und sie stehen sich sehr nahe. Gerade heute braucht sie dieses Gefühl der Nähe. Sie freut sich auf meine Besuche. Sie hat lange darauf gewartet, daß sie jemand tröste. Sie scheint gewachsen zu sein. Sie ist älter. Ungefähr sechs. Sie geht nicht gern zur Schule. Ihr großer Bruder verfrachtet sie in den Bus, und sie tritt nach ihm. Sie ist immer allein. Sie fühlt sich allein, weil sie sich immer fürchtet, vor den Menschen, davor, von zu Hause entfernt zu sein. Vielleicht deshalb, weil niemand ihr gesagt hat, daß nicht immer etwas Schlimmes passiert.«

Sie ist verwirrt. Als ihre Mutter sie dabei erwischt, wie sie ihren Körper berührt, erklärt sie ihr, das schicke sich nicht, sie sollte sich ihres Körpers nicht bewußt sein. Ihre Angst, keinen

Kontakt zu Menschen zu haben, ist die Angst, etwas falsch zu machen. Nachdem ich mit ihr gesprochen habe, scheint sie sich wohler zu fühlen. Sie möchte weggehen und spielen. Sie versucht, mit anderen Kindern zu spielen und findet es lustig. Sie kommt zurück und berichtet mir, daß sie Spaß habe und dankt mir, weil ich ihr gesagt habe, es sei in Ordnung. Und sie möchte mehr dieser Spiele kennenlernen und Spaß haben.«

Die Möwe (Stirn-Tier) sitzt auf einer Klippe und betrachtet uns. Sie schien immer so ängstlich, aber sie fürchtet sich nicht vor dem Scotchterrier; tatsächlich würden sie gerne Freunde sein. Da sie voneinander abgehalten wurden, konnten sie sich nicht befreunden. Die Möwe möchte nicht lang bleiben und reden, weil sie sich heute frei fühlt und fliegen möchte.

Ich nehme den Scotchterrier zurück. Er möchte nicht, daß ich ihn verlasse. Er möchte mich überallhin begleiten. Er möchte mich sogar noch näher bei sich haben, möchte, daß ich ihn trage.

Wir gehen, und ich trage ihn unter dem Arm. Ab und zu sehe ich kurz einige der anderen Tiere. Ich weiß nicht, wohin wir gehen. Es ist wie eine Rückblende von dem, was wir früher taten.

Immer wieder sehe ich einen Löwen. Es ist eine Art Mutprobe, ohne Furcht auf ihn zuzugehen und an ihm vorbei. Und wenn man bei ihm angelangt ist, stellt man fest, daß er gar nicht so ärgerlich ist, nicht so groß.

Der Löwe hat sich tatsächlich in den großen Hund verwandelt. Er ist immer noch nicht gerade glücklich, aber ich habe auch nicht den Eindruck, daß er dem kleinen Hund den Kopf abbeißen wird. Sein Gesicht versucht dauernd, sich von dem eines Wildhundes in das eines Schäferhundes zu verwandeln, doch es gelingt nicht.

Der Scotchterrier sagte zu ihm: ›Du mußt ein Herz haben.‹ Das gefällt ihm nicht so sehr, da er davon überzeugt ist, ein Herz zu haben. Ich glaube, ich muß noch mehr lernen, bevor ich ihm helfen kann. Ich bin nervös und unruhig und möchte unbedingt da wegkommen und weiß nicht wie.

»Sagen Sie das dem Scotchterrier« forderte ich sie auf.

»Er sagt, das seien die Teile von mir, die ich nicht verstehe, die zutage treten, wenn ich es nicht möchte. Er sagt, ich müsse noch mehr lernen. Er will mich dabei anleiten. Ich muß mich nur kennenlernen und verstehen.

Ich glaube, der Scotchterrier möchte mich zu meinen anderen Tieren führen. Ich muß Verschiedenes von ihnen erfahren.

Wir gehen zu dem Alligator (Bauch). Er sagt, er könne mich physisch verletzen, wenn ich mir hart zusetze – deshalb hat er so scharfe Zähne und reagiert blitzschnell – aber er wäre lieber friedfertig. Doch wenn ich es will, könnte er auch sehr wütend sein.

Der Scotchterrier fragt mich, ob ich verstehe. Ich sage ja. Er erklärt mir, ich werde lernen, mir nicht hart zuzusetzen. Er sagt, er möchte nur, daß ich wisse, wenn ich mir manchmal wirklich stark zusetze, ich einen Teil in mir habe, der mich angreifen kann.«

Sie ließen dann den Alligator allein und unsere Sitzung war beendet.

Als ich eine Woche später Sue wiedersah, erzählte sie mir, daß der Scotchterrier, als sie letzte Woche meine Praxis verließ, noch sehr gegenwärtig war. Als sie den Parkplatz erreichte, sagte er zu ihr, er müsse sie noch zu einem weiteren Tier bringen. Als sie in ihrem Wagen saß, führte er sie zum Bären (Solarplexus).

Der Bär stand auf den Hinterläufen und brüllte. Er sagte ihr, daß sie ihm nicht zuhöre, er ihr etwas sage, und sie nicht zuhöre. Er versucht, sie davor zu bewahren, Richtungen einzuschlagen, die schädlich oder schmerzlich für sie seien, aber sie höre nicht. Sie erwiderte, sie werde sich in Zukunft bemühen, besser zuzuhören.

Sue berichtete mir auch, sie sei die ganze letzte Woche glücklich gewesen. Es war ihr leicht gefallen, Entscheidungen zu treffen, wieder als Grundstücksmaklerin zu arbeiten und weiter in ihrem Elternhaus zu wohnen, bis die Dinge in ihrem Leben geordneter waren.

Heute wartete in ihrer Visualisierung der Scotchterrier auf sie. Er war voller Energie und sehr aufgeregt, weil sie sich intensiver um sich kümmerte.

»Er ist auch freudig erregt über die Tatsache, daß ich an mich denke und mir überlege, was für mich wichtig sein könnte. Und er fühlt sich nicht so festgefahren, erstickt oder allein. Er sagt, seit unserem letzten Treffen, hätten sich die Dinge entwickelt. Er habe nicht mehr das Gefühl, eingesperrt zu sein. Er kann hingehen, wohin er will und tun, was er will. Er hat keine grauen Haare mehr. Er fühlt sich mir enger verbunden. Er hat mit dem kleinen Mädchen gespielt, und es fühlt sich mir mehr verbunden.

Ich fühle mich stark zu dem Bären hingezogen; der Scotchterrier möchte, daß ich ihn besuche, was wir auch machen.

Der Bär hatte gerade Platz genommen. Er nimmt sich die Zeit, mit uns zu reden. Er freut sich, weil ich ihm jetzt besser zuhöre. Und er möchte, daß ich mir bewußt bin, daß ich nicht immer zuhören werde. Doch er hat das Gefühl, daß wir keine Fremden mehr sind.

Während des Winters hielt er seinen Winterschlaf und kam erst vor kurzem heraus. Er ist eifrig darauf bedacht, mir zu helfen, ihn zu verstehen und zu erkennen, wenn er mir ein Zeichen gibt.

Heute scheint er nicht sarkastisch zu sein, einfach nur besorgt, eine Seite an ihm, die ich noch nicht kannte. Eines sagte er mir, er gebe nie auf, er werde mir immer die Signale geben, ob ich nun zuhöre oder nicht, er sei nicht wie einige der Tiere, er gebe nicht auf, oder stecke den Kopf in den Sand.

Er und der Scotchterrier scheinen sich auch besser zu verstehen. Sie sind der Meinung, ich solle die anderen Tiere besuchen. Der Hund geht mit mir. Der Bär ist sich ganz sicher, daß er wirklich keines der anderen Tiere braucht; sie müssen seine Botschaften und seine Kraft verstehen. Er möchte keine Zeit mit ihnen vergeuden, bis sie bereit sind, ihm zuzuhören.

Der Scotchterrier und ich besuchen das Krokodil. Es ist sehr aufgeregt und kommt zum Ufer. Es hat ihm großen Spaß gemacht herumzuschwimmen, ohne etwas beobachten oder belauern zu müssen. Es freute sich über die Sonne, das Wasser und die friedliche Stille in seinem Teich. Es hat auch keine Lust, groß zu reden und gleitet deshalb wieder ins Wasser zurück.

Die Möwe hat uns besucht, sie hatte es genossen, herumzufliegen. Sie fühlte sich nicht mehr eingesperrt. Sie hat Kontakt mit dem Bären aufgenommen. Der Bär schlug vor, sie solle über Dinge nachdenken, über die sie lange nicht nachgedacht hat. Und sie hatte ihre Flügel ausprobiert. Sie war so lange eingesperrt gewesen, daß sie sich erst wieder zurechtfinden muß. Sie ist sogar nachts geflogen weil sie befürchtete, es könne nicht andauern. Sie meint auch, daß es viele Dinge gibt, die sie wissen und tun möchte. Doch jetzt genießt sie den freien Raum, den sie nicht gehabt hat. Sie fühlt sich immer noch allein, doch das liegt daran, daß sie zu sehr damit beschäftigt ist, die Zeit nachzuholen, und sie fliegt davon.

Der Scotchterrier und ich gehen den Krokodilsteich entlang. Es ist interessant, daß der große Ochsenfrosch hier sitzt, am Ufer. Er sonnt sich. Er hat einfach keine Lust, sich zu verstekken. Es ist ihm nach Sonnen zumute und das ›Warum‹ ist ihm egal. Er genießt es einfach und entfernt sich nicht zu weit vom Ufer.

Der Scotchterrier möchte das kleine Mädchen besuchen.

Wir sind bei ihr, sie sieht viel glücklicher aus und ist wieder gewachsen. Sie muß jetzt acht oder neun sein. Sie hat versucht, mit Freunden zu spielen. Es ist sehr schwer für sie. Sie hat solche Angst, verletzt zu werden, keine Kontakte zu knüpfen und nicht zu verstehen.

Zum ersten Mal hat sie sich dazu gebracht, mit den anderen Kindern zu spielen. Sie hat sie immer mehr beobachtet als mit ihnen zu spielen. Sie befreundet sich mit einem Kind, kommt ihm zu nah und wird verletzt.

Sie ist jetzt nicht mehr so voller Angst wie einst; zumindest empfindet sie nicht mehr, daß alle böse sind oder sie verletzen wollen. Sie will es jetzt versuchen. Früher konnte sie es nicht.

Sie ist sehr wißbegierig, möchte alles analysieren. Dies bringt sie in Schwierigkeiten. Sie möchte immer wissen, – warum –, auch bei Sachen, auf die es keine Antwort gibt.

Sie wirkt nicht mehr so verwirrt. Das verändert sie. Ich erzählte ihr, daß die Leute vermutlich deshalb ihre Fragen nicht beantworten, weil sie selber keine Antwort darauf wissen. Vielleicht sind ihre Fragen manchmal anspruchsvoller als die Leute, die sie fragt. Das ist nicht falsch.

Sie wollen sie prüfen.«

»Wer?« fragte ich.

»Die Schule.«

»Wie nimmt sie das auf?«

»Es bewirkt, daß sie sich anders fühlt – unangenehm anders. Sie können sie plötzlich in einen anderen Raum setzen, unter Kinder, die älter sind als sie. Das ist schrecklich für sie.«

»Sie fühlt sich wohler, wenn ich bei ihr bin. Dann fühlt sie sich nicht allein. Ich erklärte ihr, auch ich fürchte mich vor Prüfungen.«

»Vielleicht könnt ihr euch gegenseitig dabei helfen, diese Prüfungsangst zu überwinden«, sagte ich.

»Sie freut sich, daß wir gemeinsam daran arbeiten können, daß wir uns nicht allein fühlen. Ich meine, sie wünscht sich, daß ich sie öfters besuche. Insbesondere, wenn ich beunruhigt bin, als ob mir etwas fehlte. Sie will versuchen, es mir zu sagen, wenn sie will, daß ich zu ihr komme. Sie sagt, es geht ihr viel besser, aber trotzdem ist sie noch sehr allein. Es gibt so vieles, was sie nicht versteht, daß ich ihr durch das Gespräch helfe. Und sie fühlt sich nicht mehr die ganze Zeit als böses Mädchen. Ich finde es sehr beruhigend, bei dem kleinen Mädchen zu sein. Es ist, als ob sie in mich eintauche und ich in sie. Es wird Zeit für sie zu gehen und zu versuchen mit ihren Freunden zu spielen.

Der Scotchterrier und ich gehen einfach weiter. Ich weiß nicht, ob er es gesagt hat oder ob es nur ein Gedanke von mir war, etwas über das kleine Mädchen und meine Seele. Er sagt: ›Die Suche nach deiner Identität, ist die Suche nach deiner Seele.‹ Ich fühle mich sehr wohl in Gegenwart des Hundes. Und er ebenfalls.

Er sagt, er habe sich solche Sorgen gemacht. Er dachte, ich liege im Sterben und deshalb lag er auch im Sterben, seine Kräfte verließen ihn und daß wir die besten Freunde seien, denn wir werden miteinander wieder gesund.

Heute hatte er für uns nichts weiter vor.«

Als die Sitzung vorüber war, erzählte mir Sue, daß sie in der dritten Klasse mitten im Schuljahr eine Prüfung hatte machen müssen und dann in die vierte Klasse gekommen war, wo sie sich allein fühlte, isoliert und unfähig. Von da an blokkierte sie bei Prüfungen, als ob sie vorhatte, durchzufallen.

Auch bei unserer nächsten Sitzung hatte sie eine Begegnung mit dem Scotchterrier. Sie unternahmen einen Spaziergang, um zu sehen, auf was sie stoßen würden.

»Hier ist der Bär auf den Hinterläufen, der herumging wie man sich einen Riesenaffen im Dschungel vorstellt. Er ist überzeugt davon, daß es keinen Widerstand für ihn gibt, seinen Weg so zu gehen. Er möchte, daß ich erkenne, wie mächtig er sein kann, fast wie ein Kind, das angibt. Ich mag den Bären, er ist ein netter Bär. Er freut sich, daß wir Freunde geworden sind, denn er hat so oft versucht, seine Kraft auf mich zu übertragen, doch ich konnte oder wollte sie nicht nehmen. Er ist ermutigt, weil er sieht, daß ich einen Teil seiner Kraft verwenden kann. Er sagte, es ist immer so gewesen, als ob etwas fehlen würde. Er sagt, es kam ihm lange so vor, als ob er niemanden brauche, vielleicht täusche er sich darin. Er scheint nichts mehr zu sagen zu haben oder vielleicht möchte er, daß wir ihm folgen.

Etwas ist mit dem Scotchterrier geschehen. Als ich ihn das erste Mal traf, hatte er eine höllische Angst vor dem großen Hund. Nun scheint er furchtlos zu sein.

Der Bär hat uns zu einer Höhle geführt. Da liegen drei Junge. Beklemmung überkommt mich.«

»Sagen Sie dem Bären, wie Ihnen zumute ist«, schlug ich vor.

»Er sagt, er weiß es, aber das ist etwas, das ich tun muß. Eines der Jungen ist tot. Er hat mich hierhergebracht, um mir vor Augen zu führen, daß Richard wirklich lebendig war. Diese Bärenjungen sind meine Söhne. Richard starb, noch bevor ich ihn sehen konnte. Und als ich aus der Klinik kam, waren alle seine Sachen verschwunden. Es war, als ob ich nie schwanger gewesen wäre. Sie hatten ihn verbrannt. Ich konnte nur noch ins Krematorium gehen und auf eine Inschrift auf einem quadratischen Stück Marmor starren.«

Sue weinte.

»Der Bär reichte mir das tote Bärenjunge und sagte, es sei in Ordnung. Von den beiden anderen ist der eine schwach und der andere stark. Der schwache ist Thomas und der starke Bobby.

Und ich mußte mich entscheiden, ob ich einen erfolgreich aufziehen konnte oder alle beide, wobei ich nichts für sie tun konnte, da Tom so krank war. Und der Bär sagte zu mir, ich solle mich nicht schuldig fühlen, daß ich dafür genausowenig konnte wie im Fall von Richard, aber daß ich dankbar sein sollte, daß sein Vater sich um ihn kümmern konnte. Der Bär sagt mir, ich solle keine Schuldgefühle haben, weil ich Bobby so sehr liebe und solle mir nicht von den Menschen unsere Beziehung kaputt machen lassen, daß ich ihn für drei liebe, und er mich genauso brauche wie ich ihn.

Der Bär sagte, daß eines seiner Jungen zu jemandem gehen würde, der keine Jungen habe, und er dann nur noch eines haben werde. Die ganze Zeit hatte ich angenommen, es handle sich um einen männlichen Bären. Und er werde das eine wie alle drei zusammen lieben. Die Bärin nimmt mir den kleinen toten Bären wieder ab und möchte, daß ich sie begleite, um ihn zu begraben. Ich fühle mich jetzt ruhiger.

Ich ahnte nicht, wie stark ich diese Dinge verdrängt hatte.«

Als die Visualisierung vorüber war, sprach Sue mit mir über ihre Kinder. Bobby kam zur Welt, als sie erst 16 war. Anderthalb Jahre später, als sie das zweite Mal verheiratet war, bekam sie Thomas. Er war hirngeschädigt und hatte eine Gehirnlähmung. Sie überließ ihn seinem Vater. Die Bärin ließ sie zum ersten Mal bewußt werden, wie »gut es war, daß sein Vater ihn nehmen konnte.«

Mit Richard war ihre Placenta im Uterus angewachsen, zudem hatte Richard den Rhesusfaktor Negativ. Sue wäre bei der Geburt fast gestorben. Sie kann sich erinnern, wie die Schwester gerufen hatte: »Mein Gott, er ist ja deformiert.« Sie sah ihn nie, hörte ihn nur weinen. Sie wurde dann in den Operationssaal gebracht. Das Baby starb, während sie noch dort war. Ihre Eltern und ihr Mann beschlossen, das Baby verbrennen zu lassen, ohne sie zu fragen. Als sie aus der Klinik kam, war Richards Zimmer in ein Wohnzimmer verwandelt worden. Sie glaubte, einen Alptraum zu erleben. Sie wußte nicht, daß er verbrannt worden war. Ihr Mann sagte: »Möchtest du Richard besuchen?« Dann führte er sie zu dem Ort, wo Richards Name auf einem rosa Marmorstein stand.

Zu Beginn der nächsten Sitzung erklärte mir Sue, wie sie sich die Anwendung der Visualisierung bei den Anonymen Alkoholikern vorstelle. Sie berichtete mir auch, daß sie sich nicht mehr in Probleme verwickeln lasse. Nun durchdenkt sie die Probleme mit ihrem ganzen Wesen.

Bei der Visualisierung traf sie erneut den Scotchterrier. Er stand in einem Wald mit großen Bäumen. Sonnenstrahlen fielen hernieder. Es war warm. Er sagte, die Tiere warteten auf einer Lichtung, nicht weit von hier.

»Ein Leopard kommt aus dem Wald auf uns zu. Er ist geschmeidig, leise, sanft und freundlich. Den restlichen Weg begleitet er uns. Mir kommt das Tier bekannt vor. Es sagt, es war der große Hund. Außerdem erklärte es mir, daß es alles in einem sei. Der Leopard ist sanft und ruhig und hat keinen Zorn. Er verhält sich gegenüber dem Scotchterrier freundlich.

Wir gelangen zu einer Lichtung. Alle anderen Tiere sind schon versammelt, und ich begrüße sie einzeln.

Das Krokodil sagt, es sei angenehm, sich außerhalb des Wassers zu bewegen und nicht das Bedürfnis zu haben, daß es dort sein müsse.

Die Bärin ist geschmeidig und glänzend und freut sich, daß ich so weit gekommen bin, so daß wir alle zusammen sein können. Auch daß ich mich so weit entwickelt habe, ihr erlauben zu können, ihre Kraft auf den Leoparden zu übertragen. Ich verstehe wirklich nicht, was sie damit meint.«

»Sagen Sie ihr, daß Sie nicht wissen, was sie damit meint,« schlug ich vor.

»Sie sagte, sie und der Leopard seien zusammen sehr stark, aber es sei ihnen nie erlaubt gewesen, zusammen zu sein, so konnte nur ihre Kraft in Erscheinung treten, und der Leopard stellt eine Kraft dar, die ich nie gekannt habe, eine innere Kraft. Sie ist meine Stärke, die mich auf Anzeichen von Gefahren und Möglichkeiten hinweist. Der Leopard ist das Vermögen der schnellen Entscheidungen, die ich treffe, die ich nie gekannt habe. Sie sagt, wenn ich mich weiterentwickle, werde ich mit dem Leopard vertraut und werde besser begreifen.

Die Möwe sagt, es sei an der Zeit, daß wir unsere Intelligenz einsetzen. Wir haben Intelligenz besessen, aber unsere Kreativität und die Richtung, in die sie gelenkt hätte werden sollen, war von all den seltsamen Vorgängen in meinem Innern verschüttet. Sie hat ihre Stärke konzentriert und ist nicht mehr schwach, und bald werden wir in Erfahrung bringen, wohin wir gehen müssen.

Der Ochsenfrosch meint, wir sollen uns nicht scheuen, zu sagen, was wir empfinden. Wenn man sagt, was man empfindet, bedeutet dies nicht, daß der andere Unrecht hat und man selber recht. Es ist die Sicherheit, dazu fähig zu sein, zu sagen, wo man steht. Ich muß dies unbedingt tun und darf mir keine Gedanken um die Gefühle der anderen machen. Muß mich zuerst um meine eigenen kümmern.

Der Scotchterrier ist mir auf den Schoß gesprungen. Er erklärt mir, er sei ein Teil jedes dieser Tiere, aber es hat sich alles so entwickelt, daß er keines von ihnen kannte. Jedes hat ein empfindsames Herz.

Jetzt, da ich mir anderer Dinge bewußter bin und nicht nur, daß ich leide, weiß ich, was getan werden muß, bevor es dazu kommt, daß ich leide. Wenn diese Situation auftritt, bedarf es einer langen Zeit, um herauszufinden, wo man steht. Ich muß in Einklang mit meinen Gefühlen sein, aber auch in Berührung mit den Signalen des Schwarzbären und der Schlauheit des Leoparden bleiben, die mir mitteilen, was schnell getan werden muß.

Die Giraffe kommt herein und blickt sich um. Sie knabbert an den Bäumen. Sie zittert nicht. Als erstes sagt sie, daß sie weiblich und nicht männlich ist. Sie sagt, seit sie ihren Geruchssinn und ihre scharfen Augen benutze, habe sie sich nicht mehr so große Sorgen machen müssen, daß jemand sie töte. Statt sich fürchten zu müssen, könne sie sich jetzt freuen. Sie ist von hoher aufrechter Statur, und ich erkenne jetzt ihre Stärke.

Der Scotchterrier sagt, er möchte gerne weitermachen, da ja jetzt die Giraffe hier sei.

Er fürchtet sich nur vor dem einen: daß ich lernen müsse, wie ich mit ihnen in Kontakt bleiben könne. Sie harmonieren gut miteinander, ich bin es, die nicht mit ihnen zusammenarbeitet. Ich trenne sie voneinander. Er sagt, sie würden alle an

Stärke zunehmen, die wieder erstickt werden könne, ohne Behutsamkeit.

Bald, sagte der Scotchterrier, werde ich keinen Führer haben, der mir zeigt, wie ich in mich gehe. Ich müsse dann mein eigener Führer sein, müsse selber versuchen, zu überleben. Die Tiere meinen, daß ich mehrere Male pro Woche mit ihnen Kontakt aufnehmen solle. Auch wenn ich nur mit einem Kontakt habe. Das ist jetzt mein Weg, ich muß das lernen.«

»Kann er Ihnen helfen, das zu lernen?« fragte ich.

»Es ist eine Reise in mein Selbst, was ich lernen muß, um zu überleben. Es ist nichts, was gelehrt werden kann. Es ist etwas, das entweder geschieht oder nicht. Er hat keinen anderen Vorschlag, als es einfach zu versuchen.«

Als die Visualisierung zu Ende war, sagte Sue: »Einige der Gefühle, die ich empfinde, sind mit Worten nicht auszudrükken. Ich würde den Menschen gern berichten, was mit mir geschieht, doch ich sehe keine Möglichkeit dazu, sie würden es nicht verstehen. Es ist so wunderbar, daß ich je nach Lage anders empfinde.«

11
Königskobra

Bei unserer nächsten Sitzung erklärte mir Sue als erstes, daß sie sich immer davor gefürchtet habe, vor einer Gruppe zu reden. Doch letzte Woche stand sie auf, scherzte und fühlte sich bei einer Rede, die sie halten mußte, rundum wohl. Erst als sie wieder Platz genommen hatte, wurde ihr bewußt, wie schwierig das früher für sie gewesen war. Der Lehrer sagte später zu ihr: »Wo ist das bescheidene ruhige Mädchen, das letztes Jahr in meiner Klasse war und das ich nicht bewegen konnte, ein Wort zu sagen?«

Sue erklärte mir auch, daß sie sich vorher völlig verwirren ließ durch die Probleme, die in ihrem Leben auftauchen konnten und daß sie sich jetzt immer häufiger dabei wiederfinde, wie sie sich mehr auf die Lösungen konzentriere als auf die Probleme. Das war neu für sie.

Während ihrer Visualisierung traf sie den Scotchterrier im Wald. »Der Leopard hat sich zu uns gesellt. Er legt sich neben uns ins Gras. Auch die Schwarzbärin ist jetzt bei uns. Der Scotchterrier sagt, wir müßten uns über die Woche unterhalten.

Die Schwarzbärin erzählt mir, wie sie mir an diesem Wochenende alle möglichen Signale gesandt habe und daß ich das erste Mal auf diese geachtet habe und den Leoparden habe darauf reagieren lassen. Der Scotchterrier sagt, das sei eines der ersten Male, daß ich Schmerz im Herzen gefühlt habe und in der Lage gewesen sei, herauszufinden, weshalb und dann etwas dagegen getan hätte. Der Scotchterrier sagt, ich empfinde Schmerz, und die Bärin gibt mir die Zeichen, und der Leopard sagt mir, wie der Schmerz zu stillen ist. Der Scotchterrier sagt, ich müsse bewußt daran arbeiten, daß ich den Schmerz eines anderen bemerke, dürfe aber nicht zulassen, daß dieser Schmerz mein Verständnis dessen, wie ich damit umgehen muß, verändere. Ich muß erst meine eigenen Gefühle entdekken. Jeder muß die Verantwortung für seine eigenen Gefühle haben.

Der Leopard sagt zu mir, ich habe viel Stress und daß ich noch an vielem festhalte, aber ich solle mir nicht zu viele Gedanken darüber machen, da ich noch nicht daran gewöhnt sei, damit umzugehen.

Ich frage den Scotchterrier, weshalb ich nach dem Sonntag nicht fähig gewesen sei, Kontakt mit ihm aufzunehmen. Er erwidert, ich habe soviel um die Ohren gehabt und habe es so gut bewältigt, daß ich keine weitere Anleitung benötigte und unbedingt Ruhe brauchte. Und daß ich lernen müsse, daß der Kontakt zu verschiedenen Zeiten unterschiedlich erfolgen kann. Bewußt zu sein, ist Kontakt. Nähe bedeutet Kontakt. Und wenn ich mir darüber zu viele Sorgen mache, verliere ich den natürlichsten Kontakt, weil ich nach etwas suche, das ich bereits habe.

Der Leopard erklärt mir, wie einige Empfindungen, die ich habe und die mir so fremd sind, er sind. Er durfte nie zuvor etwas tun, und deshalb reagiere ich manchmal überrascht, wenn ich gebeten werde, etwas zu tun, wenn ich ein Signal bekomme und mich danach richte. Ich bin für ihn offen, so zu handeln.

Der Leopard sagt, daß ich wisse, daß es nicht darum gehe, was ich bin oder mit wem ich zusammen bin, sondern wie ich mich selbst wahrnehme. Wer ich wirklich bin, hat nichts damit zu tun, mit wem ich zusammen bin oder was ich tue, und je mehr ich mich entwickle, desto klarer wird mir dies. Daß ich gut bin, werde ich bald selbst erkennen.

Ich kann Bobbys Schmerz in seiner Lage nachempfinden. Bobby wird zu Beginn der Woche zu mir kommen. Ich sollte mich in aller Ruhe ihm widmen und helfen, einen Teil seines Schmerzes von ihm zu nehmen. Ich habe mich wie eine gute Freundin verhalten, aber nicht wie eine gute Mutter. Genau das hätte er gebraucht. Man kann immer eine gute Freundin finden, aber man hat nicht immer eine liebevolle Mutter.

Ich lehne mich gegen meinen Leoparden. Er hat ein weiches Fell. Ich liebe diese drei Tiere sehr. Ich fühle mich dem Leoparden so verbunden, auch wenn ich ihn erst kurz kenne. Es ist sehr wichtig, daß wir vier engen Kontakt miteinander halten und daß ich mich nicht selbst unter Druck setze, mich zu schnell zu entwickeln. Die Entwicklung erfolgt in Stufen, manchmal geht es täglich voran und manchmal sind lange Pausen dazwischen.

Ich muß meine Gefühle hegen, muß selbst für mich sorgen, auch dafür, daß ich mich wohlfühle. Ich darf nicht zulassen, von eigenen Gefühlen oder Leidenschaften geführt zu werden, oder von denen anderer, da ich sonst die Fähigkeit verliere, wählen zu können. Der Leopard sagt, ich müsse lernen, mich in diese Gefühle hineinzuversetzen, als ob es nicht meine eigenen wären und müsse sie fragen können: ›Weshalb seid ihr hier?‹

Nun ist mir der Scotchterrier auf den Schoß gehüpft. Er sagt, es sei wichtig, daß ich begreife, was ich lerne und innehalte, denn ich habe schon so viel gelernt, ich solle dies nicht hinterfragen, sondern einfach lernen und anwenden, was mir beigebracht wurde, was ich fühle.

Die Bärin ist sehr glücklich, weil sie spürt, daß ich auf ihre Signale achte. Ich renne nicht aufgelöst herum, zumindest nicht so wie früher. Und je mehr ich davon Gebrauch mache, desto geschickter werde ich und weiß automatisch, was zu tun ist.

Meiner Ruhe bewußt sein. Ich bin mir meiner Ruhe bewußt, wenn ich in Kontakt stehe. Ich muß langsamer vorgehen und muß lernen, wie ich diese Instrumente benutze. Die Bärin sagt, ich habe sie, also muß ich sie stimmen.

Ich frage den Scotchterrier, weshalb ich nicht das kleine Mädchen gesehen habe. Er erwidert: ›Sie ist nicht mehr sehr klein‹, und ich habe sie deshalb nicht mehr gesehen, weil ich sie unbewußt fördere. Wenn ich heute über Dinge stolpere, die verletzen, beseitige ich sie, fördere ich automatisch ihre Entwicklung in bezug auf Vorgänge in der Vergangenheit. Das kleine Mädchen war das gleiche, das zu den Kindern Kontakt suchte. Ich hatte die Vorstellung, daß ich alle diese Probleme habe, und vielleicht habe ich nicht unbedingt all diese Schwierigkeiten, aber die, die ich hatte, waren wirklich schädlich. Trotzdem bin ich nicht mit *allem* in meinem Leben schlecht fertig geworden.

Ich glaube, das ist für heute alles.«

In der nächsten Sitzung berichtete mir Sue, sie habe eine harte Woche hinter sich. Ihre Enkelin war krank und niedergeschlagen, ihr Sohn war gekommen, und sie hatten eine Anhörung bei Gericht wegen der endgültigen Schließung des Familienbetriebs. Mitglieder von den Anonymen Alkoholikern hatten sie angerufen und um eine persönliche Beratung gebeten. Außerdem hatte sie sich über Ausbildungsprogramme für Berater informiert.

In ihrer Visualisierung fand sie die grasende Giraffe. Zusammen gingen sie zu den anderen Tieren.

»Die Schwarzbärin ging auf den Hinterläufen einen Weg hinunter, dann weiter auf allen vieren. Sie möchte mir damit andeuten, daß man mit einigem Aufwand aufrecht gehen könne, daß man sich aber auch nicht genieren müsse, wenn man wieder einknicke. Ich erkläre ihr, daß ich müde sei. Sie sagt, ich könne eine Weile auf ihr ruhen, und sie helfe mir, meine Stärke wiederzuerlangen. Ich gehe zu einem sonnigen Platz und lehne mich gegen ihr dichtes, weiches Fell. Mein Körper wird wunderbar durchwärmt.

Der Leopard gesellte sich zu uns. Der Scotchterrier kommt den Weg herauf. Er ist auf meinem Schoß. Ich frage ihn, weshalb ich ihm nicht als erster begegnet bin. Er ist richtig aufgeregt, leckt mein Gesicht. Ich möchte wissen, weshalb er so aufgeregt ist. Er erzählt mir, daß ich gelernt habe, allein zu gehen, daß ich nicht immer auf ihn angewiesen sei, um den Weg zu gehen. Er sagt, er sei sehr müde. Mein Herz sei sehr erschöpft, aber er sei nicht so müde wie sonst. Alle Tiere haben an dem Schmerz und der Reise teilgenommen, und er durfte auch nicht alles allein auf sich nehmen.

Der Leopard legt seine Pranke auf meine Beine und sagt, seit ich ihm einige schnelle Aktionen erlaubt habe, brauche der Scotchterrier nicht mehr erschöpft, die Bärin brauche nicht frustriert zu sein, und die Giraffe brauche nicht das Gefühl zu haben, wegrennen zu müssen. Ich betrachte die ruhig grasende Giraffe; ihre Muskeln zittern nicht, sie ist sehr friedvoll.

Der Leopard möchte mich zum vergangenen Dienstag zurückführen, in den Gerichtssaal. Er möchte, daß ich nachvollziehe, was in mir vorging. Ich war traurig für meine Eltern, weil sie keine innere Ruhe fanden. Wie empfand ich? Ich fühlte mich entspannt und ruhig. Mein Herz schlug nicht rasend, und mein Atem war regelmäßig. Ich hatte nicht das Gefühl, als ob ich mich übergeben müsse, in Ohnmacht zu fallen oder jemanden zu brauchen, der mich stützte.

Der Leopard sagt, ich sei müde, aber auch nicht außer mir vor Erregung. Ich habe mich gut in der Hand gehabt. Wie empfand Bobby? Er wirkte recht ruhig, als ob er endlich akzeptiert hätte, daß es vorüber war. Er wollte, daß es vorüber sei. Was halte ich von Bobby? Ich bin stolz auf ihn und war fähig, ihm das zu sagen, und auch weshalb. Ich habe ihm vieles gesagt, was ich schon lange wollte, hauptsächlich, daß ich stolz auf ihn bin, daß er stark ist und allen Grund habe, wahnsinnig zu sein, nach allem, was er durchgemacht hat. Er sieht gut aus.

Die Bärin fragt mich, wie ich zu meiner Enkelin stehe. Ich fühle mich ihr sehr verbunden. Ich meine, ihre Prüfungen sind bisher genauso wie meine. Manchmal wünsche ich mir, ich könnte in ihren Kopf greifen und all ihre Schmerzen von ihr nehmen. Zwischen uns besteht eine besondere Beziehung, es ist fast, als ob ich sie und sie ich sei. Ich weiß jetzt, daß sie ihre Stiefmutter sehr liebt und alles gut läuft. Sie fragen mich, was ich daraus gelernt habe. Ich habe gelernt, daß es unwichtig ist, wer es ist, ich will nur, daß für meine Enkelin alles ideal verläuft. Aber ich habe auch akzeptiert, daß sie das bestmögliche hat.

Es war eine gute Erfahrung. Diese ganze Woche war angefüllt mit Erfahrungen.

Der Leopard ist stolz auf mich. Er sagt, daß ich, als Paul mich angerufen hat, fähig war, das Gespräch zu durchschauen. Meine Fähigkeit, Schwindler zu erkennen, nimmt zu. Ich habe keine Zeit für sie. Ich sehe jetzt klarer. Ich ließ mich auf Dinge ein, weil ich ja sagen wollte.

Ich umarme meinen Leoparden. Ich kann jetzt schnell handeln, brauche keine dummen Fehler zu machen.

Die Möwe fliegt hoch in die Lüfte, dreht ihre Kreise, macht reinste akrobatische Kunststücke. Ich fühle die ganze Anstrengung, die mich wie eine Welle überrollt, als ob sie aufgehoben und geheilt würde. Der Scotchterrier hat sich in meinem Schoß zusammengerollt und schläft. Und ich lehne mich schläfrig gegen die Bärin. Es ist warm, und ich fühle mich geborgen. Ich bin wie ein kleines Mädchen, das sich in die Arme seiner Mutter gekuschelt hat.

Der Leopard sagte, bevor ich sie verlasse, möchte er, daß ich mir einer Sache bewußt sei: Ich dürfe, wenn ich mit jemandem rede, über den ich verärgert bin, meine Energie nicht abblokken. Ich solle mir meiner eigenen Gefühle bewußt sein.

Sie sagen, es sei jetzt an der Zeit zu gehen. Ich sehe sie jetzt ganz anders als vor drei Monaten.«

Während unserer nächsten Sitzung erzählte mir Sue von ihrer Absicht, auf ein Diplom als Beraterin hinzuarbeiten. Sie befaßt sich mit mehreren Ausbildungsmöglichkeiten.

Sie redete auch von ihren Eltern, von ihrer Mutter, die zu Hause immer die Hauptquelle der Zwietracht zu sein schien und vom Zorn ihres Vaters.

Ich beschloß, einen Teil der Visualisierung heute auf ihre Eltern zu konzentrieren. Dies hilft oft, Beziehungsprobleme zu beseitigen, indem man tieferen Einblick in die Lage erhält. Ich schlage vor, der Patient solle die Person, mit der der Konflikt besteht visualisieren und bitte ihn dann, in die Person zu schlüpfen (vergleichbar mit der Verwandlung in Tiere), so daß er den Vorteil hat, die ganze Tragweite der Dinge aus der Perspektive des anderen zu überschauen.

Sie ist mit ihrer Mutter in der Küche; sie sitzen sich gegenüber. Als Sue in die Rolle ihrer Mutter schlüpft, empfindet sie deren Sensibilität und Verletzbarkeit.

Als sie ihren Vater visualisiert, sieht sie ihn an einem Flußufer sitzen und spürt eine Wand zwischen ihnen. Sie kann sie nicht durchdringen. Sie sagt, die Wand bestehe aus Ziegeln und einem Schatten.

»Was bedeutet der Schatten?«

»Enttäuschung.«

»Was führte zu der Enttäuschung?«

Die Lüge, die Sue ihrem Vater auftischte, als sie Gary mit sechzehn heiratete: daß sie heiraten *mußte*. Sie sagte ihm das nur, weil sie von zu Hause wegkommen wollte, weg von der ständig nörgelnden Großmutter. Dann wurde der Vater sehr kritisch. Er bot ihr keine Hilfe an, nur Kritik. Sue hatte immer den Zwang verspürt, besser als ihr Bruder sein zu müssen.

Ich bat sie, festzustellen, ob einige der Tiere bereit seien, die Lage zu verbessern. Die Bärin, der Leopard und der Scotchterrier waren bereit.

Die Bärin sagt, sie fühle deshalb die Wand so stark, weil sie ihren Vater nicht ändern könne und seine Meinung darüber, wie er meint, daß sie sein sollte. Wenn sie es akzeptiere, daß sie ihn nicht ändern könne, dann verschwinde die Wand.

Der Scotchterrier sagt, der Kummer komme daher, daß sie durchs Leben gehe und dabei das Gefühl habe, bei jedem geringsten Fehler ihren Vater zu enttäuschen. Dad, der Vater, hielt sie für ein Wunderwesen, das vollkommen sein sollte. Am Anfang seiner Ehe hatte seine Frau eine Abtreibung, und er hatte das Gefühl, dafür bestraft zu werden. Der Scotchterrier sagt, sprich erst dann mit Dad darüber, wenn du an dir selbst gearbeitet hast.

Der Leopard weiß nicht, wie er im Moment darauf reagieren soll. Sie muß dies zuerst mit der Bärin und dem Scotchterrier durchgehen. Sie muß stärker sein. Sie muß fähig sein, Dad auf seiner Seite der Wand zu helfen, bevor sie diese angeht. Wenn sie mit sich selber mehr in Einklang ist, wird sie stärker werden. Das, was Dad von ihr erwartete, erwartete sie auch von sich, so mußte sie ja immer scheitern, weil beide nicht realistisch waren.

Bei unserer nächsten Sitzung war Sue müde, wußte aber nicht, weshalb. Das Verhältnis mit ihrer Mutter hatte sich gebessert, und Sue sah gelöster aus als sonst.

In der Visualisierung traf sie als erstes auf den Scotchterrier und erklärte ihm, sie sei müde. Der Scotchterrier sagte, sie habe diese Woche nicht auf sich aufgepaßt. Sie hatte die Retterin gespielt. Und da sie jetzt ein stärkeres Bewußtsein hatte, wurde sie schneller müde.

»Auch wenn es noch so hart klingt, wir können den Menschen helfen, aber wir können sie nicht vor sich selbst retten. Meine Müdigkeit ist ein Zeichen meiner Entwicklung. Wenn ich mit mir in Einklang bin, dann kann ich nicht lange eine schlechte Rolle übernehmen.

Ich habe den Scotchterrier hochgenommen, und wir unternehmen einen Sparziergang. Wir befinden uns im Wald. Auch die Bärin und der Leopard sind dort. Die Bärin freut sich, daß ich gekommen bin, um sie zu retten. Sie gab mir die ganze Woche über Signale und ist jetzt müde. Der Leopard ist überhaupt nicht erschöpft, nur der Scotchterrier und die Bärin. Ich frage den Leopard, warum er nicht müde sei. Er sagt, weil ich ihm nicht erlaubt habe, seine Arbeit zu tun. Er sagte, ich müsse mir bewußt werden, daß die Menschen gekränkt werden können und ihr Schmerz berühre mich auch, aber ich könne nicht die Probleme der anderen lösen, sondern nur meine eigenen. Jeder, der mir nahesteht, weiß, daß ich, wenn sie gekränkt sind, einschreite und versuche, ihnen zu helfen. Ich muß dieses Verhaltensmuster durchbrechen. Ich kann nicht die Schmerzen der anderen übernehmen.

Ein Teil der Müdigkeit, die ich fühle, ist ganz normal, da ich im Augenblick in meinem Leben keine Sicherheit habe. Ich gebe bewußt meine Stelle auf und suche mir etwas Neues. Ich weiß nicht, ob ich nach Tacoma oder Seattle gehe. Meine Gedanken und Pläne sind klar umrissen, doch es gibt noch einiges zu überwinden, und auf das alles habe ich auch reagiert.«

»Könnten die Tiere Ihnen helfen, Ihre Energie wieder aufzufüllen?« fragte ich.

»Die Bärin sagt, lehne dich an mich und verdränge alles andere. Ich habe alles getan, was ich tun konnte. Was die Retterin angeht, muß ich allerdings den Leuten sagen, daß ich nicht die Probleme für sie lösen kann. Ich muß mich von ihrer Verantwortung befreien. Ich brauche mehr Ruhe für mich, muß mal raus und sei es nur für eine kurze Spazierfahrt. Diese Woche habe ich meine eigenen Bedürfnisse nicht beachtet.

Mein Leopard hat seine Pranke auf meine Beine gelegt, wie er dies immer zu tun pflegt, als ob er mir sagen wollte, daß alles gut werde.

Meine Bärin sagte zu mir, wenn ich jemanden retten wolle, solle ich sie retten. Sie fühlt sich jetzt sehr wohl. Als ich mich an sie lehne, spüre ich, wie sich ihre Energie auf mich überträgt. Der Scotchterrier sagte, einer der Gründe, weshalb dies geschah, liege darin, daß ich die Gefühle anderer Menschen fast überdeutlich wahrnehme, bevor ich fähig sei, damit umzugehen. Ich spiegle die Gefühle der anderen wider und spüre sie in mir. Sie sagt, ich müsse vorsichtig sein und solle nicht versuchen, derzeit zu intensiv in das Innere der anderen zu blicken. Ich müsse vorsichtig sein und lernen, schnell auf meine eigenen zu reagieren. Sie lacht und meint, ich solle nicht den Berater spielen, bevor ich mich selbst therapieren könne.

Die Sonne scheint, es ist warm draußen. Ich kann sehen, wie meine Möwe herumfliegt, und dabei allerlei Kunststücke vollführt. Der Scotchterrier sagt ihr, sie solle nicht übertreiben. Es ist herrlich, frei zu sein, doch sie muß auch ihren Verstand gebrauchen und vorsichtig sein.

Es ist das erste Mal seit langer Zeit, daß ich das Krokodil gesehen habe. Es sagte, es habe lange geschlafen und es sei jetzt an der Zeit, daß es dem Leoparden in bezug auf einige meiner Reaktionen helfe und es werde mit mir Kontakt aufnehmen wegen einiger dieser Reaktionen. Es hört sich recht geheimnisvoll an. Er sagt nicht, welche Art von Reaktionen. Es sagt, ich werde es wissen. Es sagt, in der Vergangenheit habe es mir viel Schmerz zufügen müssen, da ich nicht auf meine Signale gehört habe, und die Reaktionen nicht hochkommen ließ. Es sagte, die Bärin werde mir alle möglichen Signale senden, sie tue dies immer, noch bevor ich in Schwierigkeiten gerate und wenn ich dem Leoparden erlaube, in seiner gewohnten Schnelligkeit zu arbeiten, habe ich immer weniger Kummer mit mir selbst. Das ist alles, was es mir zu sagen hat. Jetzt entfernt es sich.

Ich fühle mich erholt und gestärkt. Wir vier liegen in der Sonne in engem Kontakt zueinander. Der Bär ist wieder stark. Der Hund möchte spielen. Der Leopard ist handlungsbereit.

Die Bärin sagte, ich solle vorsichtig sein und mich mit ihnen besprechen, bevor ich große Entscheidungen treffe, die gewagt sein könnten. Daß ich in dieser Phase meiner Entwicklung sehr verletzbar sei. Man könne die anderen, die einen umgeben, nur als ein Spiegelbild von sich selbst ansehen, nicht als ein Werkzeug, um jeden außer sich selbst zu verändern. Die Bärin muß nach ihrem Jungen sehen und will jetzt gehen. Sie läßt ihren Jungen, die Welt erforschen, wie ich meine erkunde, und das ist ein Teil des Erwachsenwerdens. Man wird nicht immer da sein.

Ich nehme den Scotchterrier auf den Arm und gehe mit dem Leoparden zurück. Dieser sagt, es sei jetzt Zeit für ihn zu gehen, aber er wird bei mir sein. Wenn ich nicht wisse, was ich tun solle, solle ich tief durchatmen und es geschehen lassen. Er werde die Arbeit tun. Ich muß zulassen, daß es geschehe.

Der Scotchterrier frischt mein Gedächtnis auf und erklärt mir, daß er vor nicht allzu langer Zeit mit mir allein gewesen sei. Er möchte, daß ich mich immer besinne, woher ich komme, denn das wäre ein ganz anderer Stand als der, auf dem wir uns heute befinden. Früher waren wir getrennt. Er arbeitete hart und ich auch, aber wir waren nicht zusammen. Jetzt sind wir zusammen.«

Zu Beginn unserer nächsten Sitzung erzählte mir Sue, sie sei jetzt fähig, ihre Gefühle offen auszusprechen und sie zu teilen, habe sogar letzte Woche mit einem Freund geweint. Nie zuvor war das vorgekommen, da sie immer geglaubt hatte, sie müsse stark sein, daß Gefühle nicht offen zur Schau gestellt werden dürften.

In ihrer Visualisierung möchte das Krokodil wissen, wie es sei, Gefühle zu äußern. Es ist ganz aufgeregt, als es erfahren hat, daß sie dies tun kann.

»Die eigenen Gefühle zu erkennen, herauszufinden, woher sie kommen, ist eine Sache, aber eine andere, sie preiszugeben, was ich nie getan habe. Es wird mir dabei helfen. Nicht nur, daß der Leopard schnell über meine Gefühle entscheidet, sondern dabei, daß ich meine Gefühle äußere. Wenn wir unsere Gefühle in uns verschließen, ist dies genau so schlimm als nicht darauf einzugehen.

Er möchte, daß ich mich an unsere letzte Unterhaltung erinnere – wenn man die Gefühle nicht zum Ausdruck bringt oder sie durchlebt, leidet man. Dies ist eine weitere Möglichkeit, Energie freizugeben und zu gewinnen.

Der Scotchterrier kommt herbeigerannt und scheint sich zu freuen, daß ich lerne, meine Gefühle auszudrücken. Die Fähigkeit, Traurigkeit oder Verwirrung zum Ausdruck zu bringen, ist ebenfalls ein Zeichen der Weiterentwicklung. Ich darf nie etwas vorgeben, was ich nicht wirklich empfinde. Ich gebe vor, daß es mir gut geht, auch wenn dies nicht der Fall ist. Wenn ich Signale empfange und meinem Körper erlaube, darauf zu reagieren, besteht der nächste Schritt darin, herauszufinden, wann man sich von bestimmten Dingen lösen soll.

Der Hund sagte: ›Denk an deine Mutter, wie der Großteil ihrer Welt eine Vortäuschung von Dingen darstellt, die nicht passieren, oder Gefühle vorspiegelt, die sich nicht empfindet. Sie tut so, als gehe es ihr gut, obwohl sie am liebsten schreien würde, daß dies eine Lüge ist. Ich wuchs in dieses Spiel hinein, nun muß ich dem entwachsen.‹

Er sagte: ›Denk daran, was deine Mutter vor ein paar Tagen sagte.‹ Ich fragte meine Mutter, weshalb sie nicht verrate, was sie empfinde, weshalb sie meinem Vater nicht widerspreche. Sie antwortete mir, wenn sie dies schon vor langer Zeit getan hätte, wären sie vermutlich heute nicht mehr beieinander.

Wir machen uns auf den Weg, um die anderen Tiere zu treffen. Der Leopard und die Bärin halten sich an der üblichen Stelle im Wald auf. Der Leopard möchte mich durch eine Reihe von Ereignissen führen. Er sagt, der Bär habe mir Signale der Unbehaglichkeit gegeben. Mein Entschluß war es, dieses Gefühl zu vertreiben und ich ließ zu, daß er mich eilends an einen Ort brachte, wo ich diese Gefühle frei äußern konnte, das Krokodil gab die Gefühle frei, und der Hund ließ mich wissen, daß dies in Ordnung sei. Es ist richtig, Wünsche und Bedürfnisse zu haben und nicht nur zu versuchen, die Wünsche und Bedürfnisse anderer zu erfüllen. Die Bärin sagt, ich habe immer so gelebt, als sei es besser zu geben als zu nehmen, so daß ich mir nicht erlaubte, zu nehmen. Wenn man seine Gefühle in sich verschließt, kann man keine empfangen. So fehlte es mir ständig an Energie.

Die Möwe gesellt sich zu uns. Sie sagt, es sei angenehm, klar zu denken. Im Lauf der Woche erlebte ich viel Verwirrung mit Dingen, die ich erledigen mußte, und die Möwe machte mich darauf aufmerksam, daß ich die Dinge noch komplizierter machte. Sie sagt, ich solle meinen ersten Eindruck beherzigen, da meistens der erste Eindruck der richtige sei. Während ich grüble, fliegt sie kreisend herum. Der erste Eindruck, ob gut oder schlecht, spart viel Zeit und Energie und stimmt meistens.

Entscheidungen sind schnelle Handlungen und kein Grübeln. Sie fliegt weg und sagt: ›Laß diese Woche das Grübeln. Folge deinem ersten Eindruck.‹

Ich schmiege mich an meine Bärin. Sie ist sehr ruhig. Sie sagt, daß ich viele Jahre lang wie ihr Junges gewesen sei. Sie versucht immer wieder, es dazu zu bringen, gewisse Dinge zu tun. Sie versucht, das Junge nah um sich zu haben, und es rennt weg. Wenn ich mich in ihrer unmittelbaren Nähe aufhalte, sind die Signale klar.

Der Hund sagt, es gebe keine schlechten Empfindungen. Nicht einmal die Gedanken sind schlecht. Es sind die Handlungen, die manchmal geändert werden müssen. So wie ich bin, ist alles in mir. Der Scotchterrier sagt: ›Möchtest du ein richtiges Leben oder nur Lächeln? Möchtest du dazu fähig sein, nur lächelnd mit dir umzugehen?‹

›Nein, das will ich nicht. Ich möchte in der Lage sein, mein ganzes Ich im Griff zu haben. Der Hund möchte nicht, daß ich mir gegenüber zu unerbittlich bin.‹

Der Scotchterrier sagt, daß ich nicht gewußt habe, wie ich mit verletzten Gefühlen oder Traurigkeit umzugehen habe. Man kann nicht durch die USA fahren, ohne eine Straßenkarte zu Rate zu ziehen. Oder wenn man nicht fähig ist, den Benzinanzeiger zu deuten, hat man bald kein Benzin mehr. Meine Gefühle waren leergelaufen.

Ich begreife, daß etwas passiert. In meiner Kehle sitzt kein Frosch, sondern eine Königskobra. Und sie erschreckt mich. Ich presse mich dicht an die Bärin. Sie sagt, ich solle mich nicht fürchten. Sie wollen, daß meine Gefühle aus meinem Mund kommen, als wären sie schlau, schnell und giftig, so lerne ich, meine Gefühle schnell auszusprechen. Die Kobra ist nur gefährlich, wenn sie beißt. Die Zeit ist gekommen, wo ich die Gefahr in mir überwinden und aufhören muß, mich selbst zu vergiften. Die Kobra ist bei der geringsten Berührung, beim kleinsten Geräusch bereit, anzugreifen. Ich muß so werden, nicht, um mich den Menschen gegenüber aggressiv zu verhalten oder sie mit Worten zu verletzen, sondern um schnell und genau zu reagieren, das Gift loszuwerden. Vielleicht entdecke ich, daß Dinge aus meinem

Mund herauskommen, die ich nie vermutet hätte, doch sie werden herauskommen.

Die Bärin sagt, manchmal zeigt sie ihrem Jungen Schlangen, um ihm beizubringen, daß er sich davon fernhalten solle und daß die Gefahr sehr schnell auf einen zukommen könne.

Ich hasse Schlangen von ganzem Herzen. Die Bärin sagt, genau deshalb stelle die Kobra meine Gefühle dar. Da ich niemandem verraten möchte, daß ich sie habe.

Die Schlange ist jetzt weg.

Die Bärin sagt, ich solle die Schlange nicht fürchten. Daß sie ja da seien, falls es nötig wäre. Sie glauben, sie müssen etwas Entscheidendes für mich tun, damit mir bewußt wird, wie oft ich mich schon weiterentwickeln wollte und ich es nicht zuließ, mich gefühlsmäßig zu entwickeln, indem ich meine Empfindungen zum Ausdruck bringe. Ich müsse in engem Kontakt mit ihnen bleiben, denn dies sei eine echte Gefahr.

Ich äußere gegenüber der Bärin, daß ich das Gefühl nicht verkrafte, daß eine Art Reptil in mir ist, daß ich davon träumen werde. Sie sagt: ›Mach dir keine Sorgen. Wir wollen, daß du darüber nachdenkst.‹ Wenn ich nicht lerne, meine Gefühle zu zeigen, wird es mich umbringen. Solange ich meine Gefühle mitteile und sie nicht anstaue, taucht dieses Reptil nicht auf, da ich es dazu innerlich benutze, diese Dinge anzugreifen und sie loszuwerden. Doch wenn ich dies nicht mache, verspüre ich starke innere Angst, fühle mich unbehaglich, unwohl und krank.

Wir arbeiten jetzt alle Hand in Hand.

Der Leopard sagt, ich solle meine Hand auf seinen Kopf legen und mich gegen die Bärin lehnen und er werde seine Energie auf mich übertragen, und wenn mein ganzer Körper von hellem leuchtendem Licht umgeben sei, könne ich ihn loslassen. Das Licht ist eine Art Schutz, ein Energieschild. Und er legt ein Schwert in meine rechte Hand. Und das Schwert soll mich gegen meine Gefühle und das Reptil schützen. Jetzt fühle ich mich sicher. Ich spüre diesen leuchtenden Kreis.

Der Leopard sagte, ich sei gewappnet, dem Tag entgegenzutreten. Er möchte, daß ich mich von ihnen verabschiede.«

Zu unserer nächsten Sitzung erschien Sue mit einem neuen Haarschnitt. Sie wirkte stabiler als je zuvor. Sie erzählte mir, sie sei die ganze Woche von dem goldenen Schein eingehüllt gewesen und habe mit Menschen zu tun gehabt, die Kummer hatten, ohne jedoch das Gefühl zu haben, sie müsse etwas dagegen tun; sie hatte nicht die Verantwortung für ihren Kummer übernommen.

Als ihre Visualisierung begann, sagte sie: »Die Tiere sind alle hier, feiern ein Fest. Sie sind alle glücklich und voller Energie, sind alle versammelt, um mich zu begrüßen. Der Leopard begrüßt mich als erster. Er fragt mich, was für ein Gefühl es sei, genug Kraft zu verspüren, alles in Angriff zu nehmen, was ich tun wolle. Ich finde, es ist wunderbar. Er stimmt mir zu. Es kommt mir so vor, als ob alle meine Tiere voller Energie sind.

Und hier ist die Möwe. Es ist großartig, daß sie fähig ist zu denken. Ich habe über nichts nachgegrübelt, sondern gehandelt.

Sie wollen alle auf einmal reden, alle wollen gleichzeitig meine Aufmerksamkeit auf sich ziehen.

Der Hund sagt: ›Nicht wahr, du bist heute nicht müde.‹

›Nein. Ich ließ mich durch nichts beirren. Ich habe mir keine Sorgen über Entscheidungen gemacht, ließ die Dinge einfach laufen.‹

Der Leopard möchte gern wissen, wie sich meine Beziehung zu der Kobra entwickelt hat. Ich habe immer noch große Angst vor ihr, möchte nicht, daß sie auftaucht. Aber wenn sie in Erscheinung tritt, weiß ich, daß ich etwas unternehmen muß, und ich tue es. Der Leopard lächelt.

›Nun weißt du, weshalb ich die Kobra einsetzte. Du weißt jetzt, wieviel besser es sein kann, wenn du nicht an diesen Dingen festhältst.‹

›Wie lange bleibt die Kobra da?‹ fragte ich.

Der Leopard sagt: ›Solange es nötig ist, so lange du daran erinnert werden mußt, daß du handeln sollst.‹

Das Krokodil knabbert an meinen Knöcheln. Es sagt, es sei sehr froh, daß es nicht habe nach mir schnappen müssen. Ich lasse es seine Arbeit tun. Es möchte wirklich nicht, daß ich Schmerz empfinde. Es fühlt sich großartig, wenn es das tun kann, was es tun muß.

Die Giraffe bewundert sich selbst in einem großen kristallklaren Teich. Ich weiß jetzt, was das bedeutet. Sie ist stolz auf sich, mag sich selbst. Sie läuft nicht mehr vor sich selbst davon. Sie war immer nervös gewesen, hatte befürchtet, von etwas angegriffen und getötet zu werden. Sie ist jetzt ganz anders, als ob sie aus tiefer Dunkelheit aufgetaucht wäre. Sie ist wie ein kleines Kind.

Meine Bärin möchte, daß ich zu ihr komme. Ich umarme sie liebevoll. Sie ist ein so liebes Tier. Sie sagt, ich habe ihr ihre Arbeit immer leichter gemacht. Sie habe viel Zeit gehabt, sich zu sonnen und nach Beeren zu suchen. Sie mußte mich nicht alle paar Minuten aus irgendeinem Dilemma retten. Sie ist jetzt auch nicht mehr sarkastisch.

Sie sagt, sie wolle, daß ich bewußter werde und meiner Mutter gegenüber geduldiger und sie so akzeptiere, wie sie sei, daß sie in Ordnung sei. Und ich solle versuchen, nicht mehr schnippisch zu ihr zu sein. Und ich solle die Farben um sie herum wahrnehmen. Ich solle sie bewußt ansehen und die Farben, die sie umhüllen, bemerken. Jemand werde mich aufklären, was diese Farben bedeuteten.

Ich habe der Bärin gesagt, ich sehe jeden Fehler an meinem Dad und das gefalle mir gar nicht. Sie sagt, bald werde ich an dem arbeiten, was ich mag, wenn ich weiß, was ich nicht mag. Wenn ich die Farben der sanften Menschen besser erkenne, wie bei meiner Mutter, wird es mir besser gelingen, die Farben der harten Menschen zu erkennen. Das wird später kommen. Diese Woche muß ich ein Tagebuch führen und alles eintragen, was ich sehe und darf mich nicht davor scheuen, die Hand auszustrecken und diese Farben zu berühren. Und bald werde ich erkennen, womit der sanfte helle Schein um mich herum Ähnlichkeit hat.

Der Leopard stupst mich mit seinem Gesicht unter meinem Arm. Er sagt, ich solle mich im Schneidersitz auf den Boden setzen und die linke Hand wieder auf seinen Kopf legen. Und erneut spüre ich, wie seine Energie auf mich übergeht und ich in der rechten Hand immer noch das Schwert halte. Es ist ein goldenes Schwert, ein besonderes Schwert mit einer scharfen Doppelklinge: die eine Seite symbolisiert Stärke und die andere

Einfühlungsvermögen und Güte. Die Stärke, um das zu tun, was ich tun muß, ich kann es auch für den Kampf benutzen und ich muß wissen, welche Seite ich einsetzen muß. Mein ganzes Leben lang hatte ich nur ein Schwert mit einer Klinge.

Ich fühle mich allen Tieren verbunden, aber ganz besonders dem Leoparden. Der Leopard sagt, ich sei ihnen sehr nahe, ich komme ihnen immer noch näher im Lauf der Zeit. Ich schlafe immer noch ein, doch es gelingt mir wenigstens, mit dem Scotchterrier Kontakt aufzunehmen. Er sagt, eines Tages werde ich in der Lage sein, mit jedem von ihnen Kontakt aufzunehmen, wenn dies erforderlich wäre.«

12

Die Brücke und das Schwert

In dieser Phase meiner Arbeit legte ich mir einen Kassettenrecorder zu und fing an, die Visualisierungs-Sitzungen aufzuzeichnen. Die folgenden drei Sitzungen, die gleichzeitig die letzten mit Sue waren, wurden direkt von den Kassetten, die während der Sitzungen besprochen wurden, übertragen. Die vorhergehenden Kapitel basierten auf Notizen, da Sue während der Visualisierung sehr langsam redete, konnte ich unsere gemeinsame Arbeit gut aufzeichnen. Der Unterschied zu den Kassettenaufzeichnungen zeigt sich deutlich in ihren einleitenden Worten vor der Visualisierung, was bei den Kassetten viel deutlicher zum Ausdruck kommt.

»Viele Tiere sagten zu mir, ich solle die Farben, die Menschen umgeben, beobachten, aber ich habe keine gesehen. Ich kam zu der Schlußfolgerung, daß ich es nicht forcieren könne. Vielleicht wenn ich meine Mutter mittels Visualisierung besser kennenlerne, fange ich an, sie zu sehen. Ich merke, wie sie jetzt weicher wird. Jetzt empfinde ich mehr durch meine Gefühle.

Ich trat öfter denn je mit meinen Tieren in Verbindung. Wenn ich es wünsche, bin ich gleich bei ihnen. Ich kann mir sogar die vorhergehende Entspannungsphase ersparen. Es war schon recht komisch: früher mußte ich mich jedesmal davor hinlegen und konnte kaum mit dem Scotchterrier in Kontakt treten, dann setzte es aus, und ich schlief ein. Doch wenn ich jetzt mit einem von ihnen Verbindung aufnehme, ist es da, wie wenn ich meine Hand darauf lege, es geschieht mühelos. Ich bin jetzt wirklich dafür empfänglich.

So spielte sich meine ganze Woche ab, es hat sich eine Sache nach der anderen ereignet. Am Montag ging ich zur Post, und da war ein Brief vom College X, und ich dachte bei mir, daß nur 17 von 200 Anwärtern zu diesem Berater-Kurs zugelassen sind, so daß ich mir kaum Chancen ausrechnete. Ich öffnete den Brief und dachte: ›Nun, das wird wohl die Absage sein.‹ Und dann las ich: ›Sie sind zu diesem Kurs zugelassen.‹ Ich habe diesen Satz mindestens fünfmal gelesen. Es ging mir einfach nicht in den Kopf, daß ich angenommen war. Am Dienstag besuchte ich das College, um mich zu informieren. Pro Quartal müßte ich zehn bis elf Lerneinheiten absolvieren. Und dann fragte ich mich: ›Möchte ich wirklich dorthin gehen?‹ Und antwortete mir: ›Ja, ich möchte es.‹

Und dann dachte ich: ›Nun, ich muß einen Job haben.‹ Es war, als ob ich mir lauter kleine Steine in den Weg lege, und Gott sie schneller wieder wegräumt, als ich sie hinlegen kann. Ich ging also zum Vermittlungsbüro und die Personalchefin gab mir die Namen von Leuten, die mir einen Job geben könnten.

Mein Schwert und meine Energie: Ich werde mir ihrer immer mehr bewußt. Wenn ich in Schwierigkeiten gerate, wird mein ganzer Körper warm und dann sage ich, was ich fühle. Manchmal denke ich: ›Weshalb habe ich das gesagt?‹ Doch es ist fast spontan. Wenn ich ein bestimmtes Gefühl habe und es ist etwas, das ich ausdrücken muß, sage ich es, sei es nun gegenüber einem Freund oder sonst jemandem.

Ich verbrachte eine Woche damit, eine Abhandlung über Alkoholismus zu schreiben und legte sie einem Professor vor, der sie mit Anmerkungen versah: ›Sie müssen jetzt dies und jenes tun, das ist nicht interessant, schreiben Sie es um. Es ist besser, Sie wenden sich an eine bestimmte Person statt an eine Gruppe, ändern Sie den Text.‹

Ich sagte: ›Das kann ich nicht machen.‹

Und er erwiderte: ›Nun, und warum nicht? Und dessen ungeachtet, was Sie sagen, Sie haben hier geschrieben, daß es kein wirklich erfolgreiches Programm ohne Mitgliedschaft bei den Anonymen Alkoholikern gebe. Es gibt kein Nein.‹

Und ich sagte: ›Wie? Können Sie mir sagen, was Sie qualifiziert, diese Entscheidung zu treffen?‹

Er erwiderte: ›Nun, ich brauche mich nicht zu qualifizieren.‹

Ich fuhr fort: ›Na, dann sage ich Ihnen etwas. Ich bin es, bin dabei, vom Alkoholismus zu genesen und seit acht Jahren ›trokken‹, und seit acht Jahren Mitglied bei den AA. Ich habe viele

Leute kommen und gehen sehen und wir haben viele Menschen begraben, die glaubten, sie kämen ohne das Programm der AA aus.‹

Da entschuldigte er sich überschwenglich. Er hat ungefähr eine halbe Stunde auf mich eingeredet, wie leid es ihm tue und dann erzählte er von seiner Frau, die aus einer Alkoholikerfamilie komme und wie sie sich aufrege, wenn er ein bis zwei Bier trinke, alles Ungewöhnliche sie erschrecke. Und er fragte mich, was er tun könne, wie er damit fertig werden könne. Eine unglaubliche Situation. Dann reichte er mir meine korrigierte Abhandlung, die fein säuberlich getippt war und sagte: ›Es tut mir wirklich leid. Ich muß mich in Zukunft davor hüten, die Leute zu kritisieren, ohne einzuräumen, daß sie wissen, wovon sie sprechen.‹

Und ich sagte: ›Ja, vielleicht sollten Sie das. Ich schrieb dies aus meiner Erfahrung und meinem Empfinden, denn ich habe das am eigenen Leibe erfahren und bin immer noch dabei. Es war sehr bedrohlich für mich, daß Sie mein Programm angriffen, denn ich kenne es und deshalb bin ich hier und in der Lage, darüber zu schreiben.‹

Und er überreichte mir meine Arbeit wie ein kleines Kind und sagte: ›Es tut mir wirklich leid, daß ich Sie beurteilt habe.‹

Und ich sagte: ›Nun, Dr. ... wenn Sie erwarten, daß ich das bis heute abend nochmals tippe, vergessen Sie's, ich tu's nicht.‹

Er sagte: ›Sie haben bis Montag Zeit, es abzugeben.‹

Das ist meine Energie und mein Schwert. Das ist das, was ich jetzt erlebe. Wenn ich in eine bestimmte Lage gerate, packe ich sie sofort an. Und wenn es unangenehm ist, setze ich mich damit auseinander. Es ist fast so, als ob ich keine Kontrolle darüber habe, mich damit auseinanderzusetzen oder nicht. Immer wieder hat man mein Programm angegriffen, oder ich saß herum und ließ die Leute über die Alkoholiker reden, auch wenn ich am liebsten aufgesprungen wäre, um ihnen entgegenzuschleudern: ›Ihr wißt ja nicht, worüber ihr redet.‹ Doch ich habe es nicht getan. Es spielte sich immer so ab. Nun, wenn du zugibst, daß du Alkoholiker bist, ist deine Existenz gefährdet. Heute sehe ich das so: ›Nein, das ist ein Vorzug meiner jetzigen Persönlichkeit. Und wenn die anderen nicht verstehen, wenn sie es vorziehen, nicht verstehen zu wollen, dann ist das ihr Problem. Und wenn es eine Situation gefährden würde, in der ich mich befinde, wäre es wohl besser, ich wäre nicht in dieser Situation.

Meine Ansicht, wer ich bin und wie ich mich empfinde und wie ich mich mit mir identifiziere, ist heute anders. Ich fange an, zu wissen, wer ich jetzt wirklich bin. Und es gefällt mir. Und ich möchte es nicht verbergen. Es ist so, als ob ich es nicht verbergen kann. Das kam mir so schnell über die Lippen, daß ich es nicht mehr zurückhalten konnte oder Zeit hatte zu denken: ›Oh, das hätte ich nicht sagen sollen. Das ist eine Situation, in der du Gefahr läufst, eine Note 6 in diesem Fach zu bekommen, weil du das getan hast.‹ Ich habe es ihm wirklich gegeben, und es ist auch gut gegangen. Ich vermute, es sollte passieren. Doch das ist nur ein Beispiel für das, was sich abspielt.

Das eine, das mir heute durch den Kopf geht und mit dem ich mich befassen möchte, zusammen mit meinen Tieren, ist jegliche negative Vibration, die ich haben könnte und die mir im Umgang mit diesen Entscheidungen im Wege stehen könnte. Immer noch versucht ein Teil von mir zu sagen: »Das ist ungefährlich. Triff diese Entscheidung. Bleib hier. Aber der größere Teil von mir sagt: ›Du, es ist in Ordnung. Das ist die Richtung, die du einschlagen sollst. Du bist 39 Jahre alt, pack es an.‹ Und eine kleine innere Stimme sagt immerzu: ›Du findest keine Stelle, du wirst viel zu sehr Angst haben, lauter unbekannte Leute werden dort sein.‹ Und es fällt mir schwer, diese Angst abzuschütteln. Ich weiß, alle von uns kennen das, aber ich möchte damit fertig werden, bevor die Angst größer wird. Es kommt mir so vor, als ob die Möglichkeit besteht, daß sie größer wird. Es schadet nicht, etwas Angst zu empfinden, aber ich möchte nicht, daß sie außer Kontrolle gerät.

Und ich weiß nicht, ob dies zuviel Aufwand erfordert, denn ich möchte auch das Rauchen aufgeben. Ich kann es zwei oder drei Tage lassen, dann greife ich wieder nach der Zigarette, ich hasse es und möchte damit aufhören.«

An dieser Stelle legen wir die kurze Entspannungspause ein, mit der ich jede Visualisierungs-Sitzung beginne.

»Atmen Sie tief durch und gestatten Sie Ihren Augen, sich zu schließen. Erlauben Sie Ihrem Körper, sich zu entspannen und sich wohl zu fühlen. Erlauben Sie Ihrem Körper, Kontakt mit dem Stuhl und dem Boden aufzunehmen und lassen sie ihn sich anpassen, wie es ihm am besten bekommt.

Während Sie sich auf den Rhythmus Ihres Atems einstimmen, stellen Sie sich vor, daß sie beim Einatmen auch etwas vom Himmel miteinatmen, und das ist sauber und sehr erfrischend. Wenn Sie einatmen, lassen Sie den Himmel Ihren Körper mit diesen guten Qualitäten anfüllen, füllen Sie Ihr ganzes Sein mit diesen guten Qualitäten. Und wenn Sie ausatmen, stellen Sie sich vor, daß Sie damit alles gehen lassen, was alt und abgestanden und anstrengend ist, alles das, wofür es Zeit ist, es loszulassen. Es soll mühelos und natürlich ausströmen. So daß der Rhythmus Ihres Atmens als der wunderbare Vorgang angesehen wird, das aufzunehmen, was frisch und sauber ist und das auszuatmen, was nicht mehr gebraucht wird.

Erlauben Sie Ihrer Fantasie, offen und empfänglich zu sein, und lassen Sie sich hingehen, wo Sie Ihre Tiere treffen, wo immer sie auch sein mögen, und erzählen Sie mir, wenn Sie sie erstmals sehen.«

»Ich bin mit ihnen zusammen. Tatsächlich war ich die ganze Zeit mit meinem Scotchterrier zusammen, als Sie mich durch die Entspannung leiteten. Er hüpfte auf und ab, konnte es nicht abwarten, bis ich komme. Jedesmal wenn ich ihn treffe, habe ich das Gefühl, eine Zeitlang von zu Hause weggewesen zu sein und bin ungeduldig und voll Vorfreude, wieder nach Hause zu kommen. Ah, es ist ein Knistern vor Aufregung in der Luft. Es ist im Wind, den Bäumen, als ob unser Wald mit Energie und Kraft aufgeladen wäre. Heute ist mein Scotchterrier außer Rand und Band. Ich frage ihn, weshalb er so außer sich ist.

Er ist so glücklich darüber, daß alle meine Türen aufgehen. Er kann sich heute einfach nicht still halten. Es ist so, als habe er mich lange nicht mehr gesehen, er ist überglücklich und springt herum. Ich fing ihn in der Luft auf, als er wieder hochsprang. Der ganze Wald ist über meine Fortschritte froh, auch über meine Energie. Über meine Bereitschaft, auch an mich zu denken, genauso wie an die anderen. Jeder Bereich meines Lebens hat sich weiterentwickelt. Er fragt sich, ob ich das weiß. Ich weiß es.

Er ist sehr aufgeregt über die Tatsache, daß ich mich um meine Mutter bemühe. Darüber ist er wirklich sehr froh.

Er sagte, wir hätten immer das Bedürfnis gehabt zu geben. Aber wir wußten nicht, in welchem Bereich oder in welcher Richtung wir geben sollten, deshalb haben wir immer aus uns heraus gegeben und nicht von unserer Stärke, da wir keine besaßen. Ich kann es lernen, meine Stärke mit anderen zu teilen, ohne einen Teil von mir selbst aufgeben zu müssen. Daß meine Stärke alles ist, was ich wirklich anderen geben kann, ebenso meine Erfahrung und Hoffnung. Meine Stärke ist etwas Handfestes, an das man sich halten kann. Doch meine Hoffnungen sind erst dann die ihren, wenn sie Stärke besitzen. Und meine Erfahrung ist lediglich eine Brücke, die sich mit ihrer Brücke verbindet. Unsere gemeinsame Erfahrung besteht darin, zu wissen, wie man in den Spuren eines anderen geht.

Der Scotchterrier sagt, ich habe immer die besondere Gabe besessen, die Menschen zu verstehen. Er sagt, ich habe mir erlaubt, das Haus von jemandem zu betreten, den ich kaum kannte, und dann in dem Haus einer Person zu gehen, die ich sehr liebte. Und der Schmerz ist der gleiche. Und der Grund ebenfalls. Ich erlaube ihnen nur, von meiner Stärke zu nehmen. Und das ist die Aufgabe, die ich kennen, fühlen und herausfinden mußte. Wenn ich das Haus von jemandem betrete, damit ist der Körper und die Gefühle gemeint, und mich mit ihrem Schmerz verbinde, verliere ich meine Stärke – und genau das passierte mir immer. Ich hatte von Anfang an nicht viel Stärke, aber als ich da mit hineingezogen wurde, hatte ich keine mehr.

Er sagt, jetzt hole ich mir Stärke von jedem, und ich fange an, die Beziehungen zu haben, bei denen man sich weiterhin Stärke holt. Im Schmerz liegt viel Stärke.

Ich frage meinen Hund, was ich mit diesen Menschen tun muß.

Er sagte: ›Sei ein Führer‹, so wie er mein eigener Führer gewesen ist, ›bis sie ihre eigenen Führer geworden sind‹. Und ich werde mich immer weiterentwickeln. Je mehr ich gebe, desto mehr entwickle ich mich. Das ist wie ein kleiner Heizofen in mir.

Es ist lustig, der Leopard hält mit seiner Pfote die Schnauze des Scotchterriers zu. So wie: ›Jetzt bin ich an der Reihe. Ich möchte auch mit ihr reden.‹

Meine Hände sind jetzt sehr warm, als ob ich aufgeheizt wäre. Der Leopard strahlt Energie aus. Er fragt mich, wie es sei, seine Wärme zu genießen. Ich genieße die Wärme aller meiner Tiere. Ich finde es wunderbar. Ich berühre meinen Leoparden gern, er ist so samtig, so geschmeidig und stolz. Ich würde ihn gerne umarmen.

Es ist unglaublich, als ich ihn umarme, werden meine Hände noch wärmer. Sie fühlen sich an, als ob sie Hitze ausstrahlten. Vermutlich tun sie es. Er möchte, daß ich immer mehr erkenne, wie mächtig er ist, wieviel Stärke und Kontrolle er besitzt.

Er fragt mich, ob ich die Schlange gesehen habe. Und ich erwidere nein, das habe ich nicht. Ich habe diese Woche keinen Gedanken an die Kobra verschwendet. Ich habe sie nicht gesehen und ich weiß, weshalb. Er lächelt mich an. Er sagt, ich brauche ihn nicht zu fragen und weiß trotzdem weshalb. Weil ich auf meine Gefühle reagiere. Fast so, als kämen sie zum Vorschein, bevor ich über sie nachdenke. Ich frage ihn, ob es vorkommen könne, daß ich Dinge sage, die ich lieber verschweigen sollte. Er sagte nein, ich habe die Kontrolle. Er sagt, es gebe kein Gefühl, das es nicht wert wäre, in dem Augenblick, da es empfunden wird, ausgesprochen zu werden. Manchmal ist es deine Reaktion darauf, die verändert werden muß.

Er führte mich zu einem Vorfall in dieser Woche zurück, als es für mich schmerzlich war, meine Gefühle auszudrücken. Er fragte mich, ob ich meine Reaktion darauf verändert habe. Ja, das habe ich. Ich muß mit dieser Person anders umgehen. Und ich tat es. Und ich fühle mich jetzt viel wohler.

Es ist so, als ob ich flüchtige Blicke auf die letzte Woche werfen würde. Ich ging nach diesem Vorfall direkt in Dr. ... Büro. Die Worte gehen mir durch den Kopf: ›Ich bereue die Vergangenheit nicht, möchte nicht die Türe hinter ihr schließen.‹ Dies bedeutet, daß ich mich so akzeptiere wie ich bin. Und ich möchte nicht die Türe vor der Person, die ich jetzt bin schließen, ob es sich nun um meinen Alkoholismus handelt oder die Tatsache, daß ich schnell zu weinen anfange oder was auch immer. Die Vergangenheit ist ein Teil von mir oder ein Teil von dem, was ich heute bin.

Er sagte, ich habe das etwas mißverstanden. Das heißt: ›Ich möchte die Vergangenheit weder noch einmal erleben, noch die Tür hinter ihr schließen.‹ Ich hörte diese Worte irgendwo, habe sie irgendwo gelesen. Es ist eines der AA-Versprechen, nach Stufe neun.

Er sagt, ich sollte die Versprechen jeden Tag lesen, denn jedes einzelne davon hat sich für mich bewahrheitet. Meine Angst vor finanziellen Schwierigkeiten ist verschwunden. Das soll nicht heißen, daß ich eine Million Dollar auf der Bank habe, es soll lediglich bedeuten, daß ich jetzt weiß, daß ich es schaffen werde, egal was kommt.

Er legt die Pranke auf mein Bein, da er weiß, daß das, was ich gerade gesagt habe, sehr feinfühlig ist. Ich hätte nicht gedacht, daß ich das je sagen würde, aber ich weiß, ich werde es schaffen, worum es sich auch handeln mag. Das ist ein gutes Gefühl. Die Angst ist verflogen. Ich möchte mit ihm über die kleinen Ängste reden.

Meine Tiere beginnen zu ... sie können anscheinend nicht alle das loswerden, was sie sagen wollen. Kaum hatte ich das ausgesprochen, flog die Möwe herbei, setzte sich auf meinen Leoparden. Dieser verscheuchte sie mit seiner Pranke, als ob sie heute um den ersten Platz kämpften, es ist unglaublich.

Sie tadelt mich, weil ich immer hin und her schwanke. Ich weiß, welches Programm das beste für mich ist. Es ist wirklich besser, daß ich aufs College X. gehe. Soll ich hierbleiben und mir das antun, versuchen, all diese Stunden zu nehmen? Sie ist wirklich verärgert über mich. Es ist fast, als ob sie mir mit einem Fuß drohte, so wie man einem unartigen Kind mit dem Finger droht. Sie sagt, ich solle aufhören, herumzutrödeln und solle mein Selbstbewußtsein stärken, und es tun. Auch, daß alle meine Tiere dort zusammen sein werden, und ich werde nicht allein sein.

Als ich früher solche Schritte wagte, war ich allein, da ich in meinem eigenen Haus allein war. Ich hatte keine Freunde in mir, hatte deshalb kein Selbstvertrauen, keinen Glauben an mich selbst, sondern nur alle möglichen Ängste. Sie sagt, das sei jetzt nicht mehr so, was ich jetzt habe, sei die Befürchtung, nicht die richtige Entscheidung zu fällen. Mit 39 kann man es sich nicht leisten, Fehler zu machen. Damit schlage ich mich herum.

Sie sagt: ›Ja, das ist eine Angst.‹ Im Beruf muß ich das von der Logik her sehen, einige Dinge sind logisch. Wenn es sein muß, fertige ich eine Gegenüberstellung der beiden Möglichkeiten an, auf zwei verschiedenen Papierbögen. Berücksichtige die Stunden, die Vorteile, die Nachteile. Und diejenige, die am meisten bietet, hat gewonnen. So einfach ist das. Und wenn man sich entschieden habe, dann müsse man sich als nächstes darum bemühen, eine Arbeitsstelle zu bekommen. Und wenn man eine Stelle gefunden hat, dann geht's weiter. Dies alles ist ein logischer Ablauf, kein Durcheinander.

Sie ist wie ein kleiner alter Professor, der mir sagt, wie man es richtig macht. Es ist so lustig, denn sie ist normalerweise nicht so. Sie sagt jetzt, sie habe zu viel zu erledigen, als daß sie Zeit habe, sich mit mir zu unterhalten. Das sei das was ich zu tun habe, also los. Sie ist es leid, die ganze Zeit von diesem Hin und Her, diesen Gedankensprüngen, unterbrochen zu werden.

Sie sagt, ich habe mich gebessert, doch jetzt werde sie schnell ungeduldig. Das liege daran, daß sie lange Zeit eingesperrt gewesen sei, und wenn man etwas Freiheit bekomme, möchte man dies nicht mehr missen. Es ist nicht, daß ich mich verspätet hätte in meinem Entwicklungsablauf, es ist nur so, daß sie immer auf diesen großen Flügeln dahingleiten möchte, weil sie viel Zeit für ihr Spiel zur Verfügung haben will.

Meine Bärin kommt sofort auf etwas anderes zu sprechen. Sie sagt, ich müsse sehr behutsam mit meiner Mutter umgehen. Denn obwohl sie weiß, daß für mich Kalifornien der beste Ort ist, fällt es ihr schwer, mich ziehen zu lassen. Und daß ich ihr helfen könne, dies in ihrem Innern zu mildern. Ich bin immer für sie dagewesen und vielleicht kann ich ihr helfen zu lernen, für sich selbst dazusein. Es ist eine ganz besondere Zeit, die ich mit meiner Mutter erleben werde und daß sie sich entwickeln werde, weil sie es wolle. Aber ich muß besonders behutsam sein, in dieser Phase, wo sie mich loslassen muß. Sie sagte, sie habe dieses Loslassen für mich gefühlt, als ich Bobby losließ. Und ich bin immer noch dabei, ihn loszulassen. Ich weiß, was das für ein Gefühl ist, kann es besser nachempfinden. Einfach behutsam, langsam und freundlich ihr gegenüber zu sein. Sie braucht viele Streicheleinheiten.

Mein Alligator knurrte, um meine Aufmerksamkeit zu erregen. Es ist nicht zu glauben: er raucht eine Zigarre. Er sagte: ›Ich sehe wohl ziemlich lächerlich aus, oder?‹

Ja, er sieht wirklich lächerlich aus.

Er sagte, es sei genauso lächerlich, wenn ich rauche. Das ist wirklich sonderbar, denn ich habe überhaupt nicht darüber gesprochen. Zumindest nicht gegenüber dem Alligator. Manchmal bezeichne ich ihn als Alligator, dann wieder als Krokodil. Ich frage ihn, was er wirklich ist.

Er sagt: ›Alligator, Krokodil, Alligator, worin liegt der Unterschied?‹ Er ist heute wirklich lustig.

Ich bitte ihn, sich ernsthaft über mein Rauchen zu äußern.

Er sagte, das sei der emotionale Ausdruck für Angst. Daß ich meine Probleme einräuchere. Ich rauche nicht, weil ich es mag oder es genieße. Ich ›berauche‹ meine Probleme. Wie wenn man sich über etwas ärgert und dann etwas Häßliches dagegen tut.

Er sagt, der Grund, daß ich es immer weniger mag, liege darin, daß ich meine Stärke gegen die Zigaretten aufbaue. Und daß ich sie bald, sehr bald, wegwerfen könne. Das ist nicht heute, aber bald. Wenn ich bereit bin, wird es einfach geschehen. Ich werde sie nicht mehr anrühren. Er sagte, er könnte diese Gewohnheit sofort wegnehmen, wenn er es wollte, aber so viele meiner kleinen Schutzmechanismen seien mir weggenommen worden, daß er es vorziehe, das nicht heute tun zu wollen. Das Rauchen ist eine meiner Schutzhüllen. Jeden Tag komme ich dem Ziel näher. Er wollte, daß ich spürte, wie lächerlich das Rauchen ist. Und daß das an sich für heute genüge. Ich werde es mir abgewöhnen und das wird bald sein.

Er spuckte die Zigarre aus. Sagte, er wolle einen Augenblick ernst sein. Ich habe ihn eigentlich nie besonders amüsant gefunden, aber heute ist er doch recht komisch.

Er führt mich auch zurück in eine bestimmte Situation. Er

sagte: ›Gut gemacht, du hast gute Arbeit geleistet. Niemand unterband unsere Gefühle, niemand sagte, das sei nicht richtig, wir taten, was wir fühlten, sagten, was wir fühlten und das ist gut so.‹ Ja. Er sagte zu mir: ›Du mußt dir dessen immer bewußt sein, daß andere Menschen das gleiche Recht haben.‹ Daß zwei Menschen über das gleiche Thema gegensätzliche Gefühle haben können, wobei ihre Gefühle in Ordnung sind und deine ebenso. Das ist die Fähigkeit, dem anderen seine Gefühle zuzugestehen und sich selber die eigenen. Und je mehr ich in Einklang mit diesen Gefühlen bin, desto besser stimme ich mich auf andere Menschen ein, für die es erforderlich ist, ihre Gefühle ausleben zu können. Und daran werde ich in dieser Woche arbeiten. Er sagte, ich habe manchmal ein zu starkes Bedürfnis, anderen meine Empfindungen mitzuteilen, und höre nicht darauf, wie sie sich fühlen. Ich muß das noch etwas üben.

Meine Giraffe läuft gerade den Weg herauf. Ihre Hörner sind mit Blumen geschmückt, die kleinen Hörner neben ihren Ohren. Sie war unterwegs und bewundert sich. Sie sagt, es täte ihr leid, daß sie zu spät dran sei, aber zu spät zu kommen, um sich selbst etwas Gutes zu tun, ist von Zeit zu Zeit akzeptabel. ›Brich mit alten Gewohnheiten‹, sagt sie. ›Tu mal etwas anderes, verhalte dich etwas anders. Die Menschen werden es nicht begreifen, da sie es gewohnt sind, daß du deine Angelegenheiten in bestimmter Art und Weise erledigst.‹

Sie hat sich wirklich sehr verändert. Sie war einmal so ängstlich und schreckhaft, rannte die ganze Zeit. Die Muskeln auf ihrem Rücken waren angespannt, man konnte spüren, wie sie sich bewegten. Sie ist jetzt ganz anders. Ist glücklich und lustig. Sie sagt, sie sei wirklich glücklich für uns.

Ich bemerkte, daß alle meine Tiere *uns* benutzen. Es sind nicht mehr sie und ich, sondern wir. Wir tun zusammen dies und jenes. Ich sehe sie weniger als Teil von mir, sondern sehe sie als mich an. Sie sind ich.

Und wenn ich sie ansehe, bin ich über ihnen und blicke herunter. Sie sind ein reizender Haufen, eine Menge Wärme und Stärke.

Das war ein sonderbares Erlebnis. Plötzlich landete ich auf dem Boden. Der Leopard sagte, es tue ihm wirklich sehr leid, er habe sich einen Moment lang nicht konzentriert. Er muß mich wohl nach oben gehoben haben. Er möchte, daß ich wachsam bin. Trau nicht immer dem, was du siehst, sondern immer dem, was du fühlst. Lerne, auf deinen Füßen zu landen. Lerne, daß ich nicht immer da bin, daß du dich auch auf etwas anderes verlassen mußt.

Es wird Zeit für mich, mir wieder von seiner Stärke zu holen. Er forderte mich auf, meine linke Hand auf seinen Kopf zu legen, und er ist direkt neben mir. Er hat den Kopf in meinen Schoß gelegt, und wir schöpfen aus seiner Stärke. Wir sind alle in einem kleinen Kreis versammelt, stecken die Köpfe zusammen, sind ganz vertieft. Mir kommt es vor, als ob sie alle durch mich mit Energie gefüllt würden. Ich spüre, wie seine Energie mich durchströmt.

Er gibt mir wieder das Goldschwert und sagt, ich solle jedes meiner Tiere am Kopf berühren und ihnen etwas Energie abgeben. Und als sie auf mich zukommen, berühre ich sie mit dem Schwert und spüre, wie meine Energie fließt, und sie verschwinden. Sie verschwinden in mein Schwert.

Nun bin ich mit dem Leoparden allein. Er sagt, ich besitze alle Mittel, um erfolgreich all das zu tun, was ich tun wolle. Und daß ich damit beginnen werde, Energien zu sehen, genauso wie ich sie spüre. Und daß ich mir dessen, was ich sehe, bewußt sein muß. Ich muß anfangen, mir selbst zu trauen und mich auf mich selbst zu verlassen. Und er wird geradeso weit entfernt sein wie meine Energie. Daß ich bereit bin, mich der Woche zu stellen. Und er springt in mein Schwert.«

Sue öffnet die Augen.

»Das war wirklich stark. Ich konnte ihre Kraft von allen Seiten fühlen. Ich fühle überall ein Prickeln. Bin sehr frisch und voller Energie. Als ob ich mich erheben könnte, hinausginge und einen anderen Gang hätte. Ich empfinde auch anders. Ich weiß wirklich nicht genau, was es ist. Was mir sofort in den Sinn kommt, ist, daß ich heute ein größeres Ganzheitsgefühl habe als je zuvor. Nicht mehr das Gefühl, daß Teile von mir überall zerstreut sind. Und genauso habe ich meine Tiere gesehen, als Teile von mir, eines, das hier sitzt und eines, das dort sitzt usw. Plötzlich bin ich es, *sind sie ich*. Das ist wirklich überwältigend, aber so empfinde ich es. Ich glaube nicht, daß ich sie heute verlasse, eher, daß ich sie trage.«

»Ich sah, daß sich etwas an Ihnen verändert hat, als die Tiere in Ihr Schwert eintraten: Ihre Augen, Ihre Gesichtsfarbe«, sagte ich.

»Wenn ich es nur in Worten ausdrücken könnte. Es war ein Gefühl, als ob ich sehen und fühlen könnte, wie mein Herz in mich eintrat und meine Stärke in mich hereinkam, mein Verstand in mich einzog. Es ist fast so, als ob man auf sich herunterblicke und sieht, wie man sich zusammensetzt, spürt, wie sich die Teile vereinen. Und ich spüre die Gänsehaut auf meinen Armen, obwohl mir nicht kalt ist, es ist so überwältigend, daß ich denke, es kann nicht wahr sein ... hat mich noch nicht wirklich berührt. Ich weiß nur, daß ich nicht fähig bin, es in Worte zu fassen. Ich kann es fühlen, aber es ist so groß und mächtig, daß mir die richtigen Worte fehlen, um meine Gefühle auszudrücken. Man kann nur staunen.

Das, was diesen Empfindungen am nächsten kommt, war das Erlebnis des Todes meines Großvaters. Er stand mir sehr nah, und ich liebte ihn sehr. In der Nacht ging ich zu seinem Grab. Es war kalt und es war Winter. Und die Blumen auf seinem Grab waren warm, da er ja erst ein paar Stunden begraben war. Und plötzlich strahlte vom Himmel ein Licht auf sein Grab. Es war aber sofort wieder verschwunden. Ich habe lange darüber nachgedacht, was das war. Bis mir schließlich klar wurde, daß dies sein Geist war. Ich sah wirklich den Geist meines Großvaters. Und ich hatte dieses überwältigende Gefühl, das ich nicht beschreiben kann. Es war so unglaublich, daß ich es nicht mit Worten ausdrücken kann. Jetzt habe ich ein ganz anderes Gefühl. Es ist wirklich aufregend. Ich könnte heute Berge versetzen, so stark fühle ich mich.

Als ich auf meine Tiere herunterblickte, bevor der Leopard mich zu Boden fallen ließ, hatte ich das Gefühl: ›Das ist meine Persönlichkeit, und ich mag sie, es ist mein Herz und ich mag es wirklich, oder meine Energie, meine Stärke, meine Kraft ist so glänzend, so sanft und gewaltig, in einer wunderbaren Weise.‹ Plötzlich, in einem kurzen Augenblick, bekam ich die Gelegenheit, zu erkennen, was ich bin und genauso schnell wurde ich zurückgeworfen. Ich bildete mir ein, der Leopard habe zu mir gesagt: ›Respektiere es, respektiere deine Persönlichkeit, lerne, auf deinen eigenen Füßen zu stehen, dich auf dich selbst zu verlassen, denn auch sie können dich zerstören, wenn du sie nicht respektierst.‹ Das habe ich auch so empfunden.

Immer mehr wird mir bewußt, was sie meinen, wenn sie mir etwas sagen. Es gleicht einer Konversation und ich weiß, was dabei herauskommt, noch bevor etwas ausgesprochen wird. Das ist, als ob man ein Instrument stimmt. Wie ein kleines Licht, das in meinem Gehirn angeht, aha, da soll es hingehen, bevor die Worte ausgesprochen sind. Worüber sie redeten, der Umzug nach Kalifornien, die Angst, nicht die richtige Entscheidung zu fällen, überhaupt keine Entscheidung treffen zu können. Daraus schloß ich, daß jede Entscheidung die richtige ist. Beide Möglichkeiten sind richtig. Es geht nur darum, welche davon leichter zu erreichen ist. Die Möwe machte es so klar. Beide sind richtig. Hör auf, hin und her zu rätseln, schreib die Möglichkeiten auf ein Blatt Papier und versuche herauszufinden, welche besser für dich ist, welche paßt. Wenn du es nicht im Kopf machen kannst, schreib es nieder, und da steht es dann. So einfach ist das, aber auch so wahr.

Und der Alligator sagte, ich müsse mein Bewußtsein schärfen, mich selbst gut einstimmen, mir sagen, daß es in Ordnung sei, daß ich fühle und daß es auch für andere richtig sei, zu fühlen. Hemme nicht ihre Entwicklung. Halte sie nicht davon ab, zu empfinden, was sie fühlen. Auch wenn du anders empfindest, bedeutet das nicht, daß sie Unrecht haben, genauso wenig wie du.

Noch etwas sagten sie, was mich wirklich tief beeindruckt hat, ich solle anderen zugestehen, ihre eigenen Empfindungen zu haben und aber gleichermaßen mich mit Menschen umgeben, die mir erlauben, meine eigenen Empfindungen zu haben. Es gibt einige Menschen, die mir das nicht zugestehen, da sie nicht auf der gleichen Entwicklungsstufe stehen wie ich. Man muß allerdings wissen, wie es ist, seine Gefühle äußern zu dürfen, auch wie es ist, wenn einem dieses Recht von einer anderen Person nicht zugebilligt wird.

Ich erkannte dies erst, als ich hierher kam. Ich kannte viele

Leute, die meine Gefühle unterbanden. Von diesen muß ich mich fernhalten. Zumindest nicht ständig mit ihnen zusammen sein, denn sie hemmen meine Entwicklung. Ich kann diese Menschen jetzt erkennen. Vielleicht haben sie sich eines Tages soweit entwickelt, daß es mir möglich ist, dann mit ihnen zu kommunizieren. Aber bis dahin muß es nicht sein. Für beide ist das eine Art leeres Tal. Wenn man sich nicht in einer angenehmen Umgebung begegnen kann und aneinander teilhaben kann, an dem Stand der jeweiligen Entwicklung, dann besteht wirklich keine Notwendigkeit für diesen Austausch. Das ist mir heute völlig klar. Auch, daß ich herausfinden werde, wo ich mit diesen Leuten sein sollte.

Es ist mir, als ob ich eine Menge neues Wissen gewonnen habe, das ich ausprobieren werde.

Soeben kam mir in den Sinn, daß in Zukunft, wenn ich meine Tiere besuche, diese aus mir herauskommen werden. Das ist ein ganz neues Gefühl. Als ob ich ihnen erlaubt hätte, heimzukommen. Das ist gewaltig, eine Empfindung, als ob ich eine große Macht in mir habe.

Ich fühle mich, als ob ich heute drei Meter gewachsen wäre. Wie ein Fest, das in meinem Inneren stattfindet. Wie eine große Befreiung. Ich kam heute hierherein, mit der Gewißheit, mich besser zu kennen. Wenn ich wieder gehe, wird dies mit meinem ganzen Selbst geschehen. Ich habe nicht das Gefühl, einen Teil von mir hier zurückzulassen. Das ist aufregend. Es ist wirklich wundervoll.«

Hier endete unsere Sitzung. Die ganze Sitzung hatte eine Stunde und fünfzehn Minuten gedauert.

13
Der Berg

»Meine Tiere bilden jetzt wirklich eine Einheit. Das ist äußerst faszinierend. Ich weiß nicht einmal, ob sie noch herauskommen, da sie in mir drin sind, und es keinen Grund für sie gibt, herauszukommen. Macht das Sinn? Das heißt, ich kann jetzt mit ihnen reden, wann immer ich will, wie zum Beispiel gestern abend. Ich war fähig zu kommunizieren – statt aus mir herauszugehen und meine Tiere aufzusuchen, ging ich hinein – ich weiß nicht, ob Sie verstehen, was ich sagen möchte – ich konnte sie alle umarmen und mit ihnen reden, als ob ich mit mir selbst redete, ganz mühelos. Ich legte mich hin und schloß die Augen und fing an, mit ihnen zu reden. Der Scotchterrier war sofort da. Und es war ein Gefühl, als ob ich durch sie hindurchgehe, durch meine Gefühle, mein Kraft-Tier, die ganze Palette meiner Tiere, und ich konnte ihnen sagen, was ich von ihnen benötigte und was sie für mich taten. Wir unterhielten uns darüber, daß wir ein Ganzes sind, daß ich nicht nach ihnen zu suchen brauchte. Ich trage sie jetzt immer in mir. Ich brauche keinen bestimmten Ort, um mich auf ein Treffen mit ihnen zu konzentrieren, da sie ständig bei mir sind und mit mir eins sind. Das ist wirklich ein überwältigendes Gefühl. Es ist schwer zu erklären, wie man das empfindet. Gleichzeitig mit meinen Gefühlen stellen sich sofort Reaktionen darauf ein. Ich habe ein Gefühl und weiß, weshalb ich es habe. Es ist nicht mehr verhüllt. Wenn ich verletzt bin, ist dieses Gefühl durch nichts verschleiert. Ich weiß, es tut weh und ich weiß weshalb und warum das so ist. Ich kann das nicht so gut erklären, doch es ist wirklich eine ganz neue Erfahrung. Es ist, als ob ich plötzlich Kräfte besäße, von denen ich nichts ahnte.

Gestern lag meine Mutter auf dem Sofa und schlief, und ich studierte ihren Körper und mir wurden plötzlich Dinge bewußt, die ich vorher nicht verstanden hatte, und ich weiß, meine Tiere haben mich darauf hingewiesen, daß sie Ängste hat – ich werde mir im Tausch mit meinem den neuen Wagen meines Sohnes holen und bringe ihn hierher. Ich werde ihn verkaufen und tausche ihn gegen einen etwas besseren Wagen aus, einen der besser ist als der, den ich hatte. Wenn ich aufs College X gehe, habe ich eine etwas verläßlichere Transportmöglichkeit. Meine Mutter möchte nicht, daß ich diesen neuen Wagen verkaufe, denn sie weiß, solange ich ihn habe, werde ich sicher sein, und ich kann nach Hause kommen, wenn sie mich braucht. Es fiel mir schwer, ihr zu erklären, daß ich auch in einem anderen Wagen ganz gut aufgehoben sein werde. Als ich sie musterte, war es als ob ich in sie hineingehen könne, und herausfinde, daß sie sich nicht auf meiner Entwicklungsebene befindet. Sie ist jetzt 65 Jahre alt. Sie denkt nicht wie ich. Und zum erstenmal gelang es mir, meine Mutter mit ihren 65 Jahren zu sehen! Ich sah sie immer als vierzig an, habe von ihr erwartet, daß sie wie eine Vierzigjährige auf meine Fragen reagiere. Sie ist aber keine vierzig mehr. Sie ist 65. Sie denkt nicht mehr so wie vor zwanzig Jahren. Ich *bin* diejenige, die fast vierzig ist. Sie ist eine ganz besondere Dame, die alt wird, ja sie wird alt. Und einen Augenblick lang wird mir ganz bang, ich sah sie fast schon im Sarg. Es war so wie: »Akzeptiere deine Mutter, so wie sie ist, erfreue dich ihrer, wo sie ist. Du kannst sie nicht zurückbringen in die Zeit, als sie vierzig war, du kannst nicht erwarten, daß sie noch einmal so jung ist. Akzeptiere es, wie sie ist, wo sie steht. Sie ist eine erschöpfte alte Dame.« Ich hatte das noch nie erkannt. Die Jahre sind an mir vorbeigeglitten. Deshalb sah ich sie wohl schon fast im Sarg. Es war wie: ›Sue, das ist wo deine Mama steht. Mache nicht etwas aus ihr, was sie nicht ist. Akzeptiere sie so, wie sie ist.‹

So ging ich gestern abend nicht in meinen Kurs und während sie schlief, putzte ich das Haus und wusch das Geschirr. Es war, als ob ich meine Mutter ansah und dachte: ›Wie kommt es, daß Mama nicht wie früher ihren Haushalt führt? Wie kommt es, daß Mama bis zum Abendessen noch kein Frühstücksgeschirr gespült hat? Wie kommt es, daß Mama die ganze Zeit schläft?‹ Plötzlich konnten meine Tiere, mein Geist, mir zeigen: ›Sie ist älter. Sie ist erschöpfter! Und du solltest das erkennen.‹ Den Rest des Tages war ich sehr bewegt.

Etwas ähnliches habe ich mit meinem Vater erlebt. Zum Teil entstand die Spannung zwischen ihm und mir deshalb, weil ich unfähig war, zu erkennen, daß er älter ist. Er ist kein junger Mann mehr. Und ich wollte, daß er wieder dreißig sei und verlangte von ihm, daß er wie ein Dreißigjähriger reagiere. Dabei habe ich nicht berücksichtigt, daß er fast sechzig ist. Er ist jetzt ein älterer Mann. Er ist ganz anders als mit dreißig oder vierzig, und ich sehe ihn immer noch als Dreißigjährigen, obwohl er das nicht ist. Vielleicht ist er es in meinen Augen. Und ich habe das nicht herausgefunden.

Es ist so, als ob ich gewachsen wäre und meine Eltern in meiner Vorstellung nicht älter geworden wären. Plötzlich konnte ich sagen: ›Keine Sorge, du bist diejenige, die fast vierzig ist. Sie sind viel älter, und du mußt das einsehen, denn du siehst sie noch wie vor zwanzig Jahren.‹

Und das Gefühl ist sehr stark. ›Finde dich damit ab. Du bist älter geworden, sie auch. Sie sind nicht stehengeblieben. Vielleicht du.‹ Ich möchte damit sagen, daß ich mich zwanzig Jahre nicht von der Stelle bewegt habe, sie aber schon. Und plötzlich habe ich sie eingeholt, da wo sie jetzt stehen. Und etwas ist jetzt vollkommen anders.

Vorgestern abend kaufte ich ein paar Eisbecher mit Früchten und brachte sie nach dem Kurs mit heim zu meinen Eltern. Vater führte sich auf wie ein kleines Kind. ›Wie konntest du das wissen? Genau darauf habe ich Appetit gehabt!‹ Es war, als ob wieder ein Schleier weggezogen worden wäre.«

›Und wie kamen Sie auf die Idee, ihm den Eisbecher zu bringen?‹ fragte ich.

»Weil ich wußte, daß es ihn glücklich machen würde. Es eine nette Aufmerksamkeit wäre. Aber früher hatte ich keine Lust dazu, so etwas zu tun, jetzt schon. Und es ist ein gutes Gefühl.

Die Visualisierung vermittelt eine Einsicht, eine Entwicklung und Kraft, die wunderschön sind. Heute nacht lag ich im Bett und redete mit meinen Tieren – ich sah dieses als ein Gespräch mit meiner Seele an, Teilen meiner Seele – und bat meinen Leoparden: ›Lade mich wieder mit deiner Energie auf.‹ Und ich lag da, schaute zu und konnte die Energie spüren. Ich legte die Hände um ihn und spürte, wie sie warm wurden, und die Wärme stieg die Arme hoch und erfaßte meinen ganzen Körper und endete in meinen Füßen. Ich weiß, ich fülle mich auf mit dieser Energie, denn es wird mir warm. Da mein Blutdruck niedrig ist, friere ich sonst immer, wenn ich im Bett liege. Und so ist das ein Beweis, daß etwas in mir geschieht. Und manchmal brauche ich eine solche Situation, um zu mir selbst sagen zu können: ›Unter normalen Umständen könntest du das nicht tun!‹ Sue sagte lachend: »Ich muß das mit mir selber machen, um zu wissen, daß es tatsächlich so ist.«

»Und ich bin froh, daß Sie mir die Artikel nicht früher gegeben haben (über die Totempfahl-Methode), denn, nachdem ich einige gelesen hatte, erkannte ich, daß meine Visualisierung so wurde, wie es beschrieben war. Ich überlegte, nachdem ich einen bestimmten Artikel und Abschnitte aus dem Buch gelesen hatte: ›Nun gut, welches Tier ist wirklich dein Kraft-Tier? Welches Tier ist wirklich dein Erd-Tier?‹ Ich weiß, mein Leopard muß meine Kraft und Energie darstellen.«

Ich sagte: »Nun, ich habe etwas mit Ihnen getan, das ich vorher noch nicht getan hatte, das steht nicht in dem Artikel. Wir fingen bei den Händen an, erinnern Sie sich?«

»Ja sicher.«

»Ich hatte das mit einigen Leuten praktiziert und versuchte es dann auch mit Ihnen und das führte uns weiter zu den Tieren. Erinnern Sie sich an den deutschen Schäferhund? Und an den Scotchterrier?«

Sie erwiderte: »Und ich fand heraus, daß der Scotchterrier mein Herz symbolisierte. Und der Schäferhund – dieser deformierte Schäferhund, so möchte ich ihn nennen, da er den Kopf eines wilden Tieres hatte – verwandelte sich schließlich in den Leoparden.«

»Genau«, erwiderte ich.

»So mußte dies also meine Kraft gewesen sein.«

Ich fuhr fort: »Sie wissen jetzt, daß das alles viel komplexer ist. Die Arbeit, die ich in dem Artikel beschrieb, fing mit theoretischem Kram an, was auch ganz in Ordnung ist, aber wir sind, wer wir sind. Wir entsprechen nicht irgendeiner Theorie.

Die Theorie kann aufgestellt werden, nachdem wir uns genau studiert haben und einige Erkenntnisse über uns gewonnen haben, aber wir sind viel wesentlicher als jegliche Theorie. Die Theorie wird von uns abgeleitet, nicht umgekehrt. Das, womit wir hier arbeiten, ist etwas viel Subtileres und Komplexeres als eine bestimmte Theorie, bezieht sich aber darauf.«

»Aber das bin nicht ich«, sagte sie.

»Ja, Sie haben recht.«

»Also sollte ich mir darüber keine Gedanken machen.«

»Nein,« erwiderte ich, »Sie sind auf dem richtigen Weg. Und außerdem arbeiten die Tiere alle zusammen. Wenn Sie sich mit ihnen in Verbindung setzen und Sie brauchen die Hilfe eines anderen, dann stellen sie den Kontakt her, oder der andere zeigt sich. Man muß es nicht intellektuell verstehen. Damit würde man sie auch nur einschränken. Sie sind viel mehr, als wir beschreiben können. Sie erfüllen nicht nur eine Funktion; sie sind weitaus vielseitiger und reicher.«

Sue sagte: »Dann ist das so, als ob sie nicht getrennt sind. Sie haben immer als eine Einheit fungiert. Und sie stellen ein wunderbares Ganzes dar. Ich mußte nicht herumsuchen, um das richtige Tier zu finden, das mir helfen konnte, denn wenn das Tier, mit dem ich zusammen bin, nicht helfen kann, sucht es das Tier, das dazu imstande ist.«

»Und das, worüber ich in meinem Artikel sprach, die Integration und so weiter, findet in Ihnen spontan statt«, sagte ich.

Sue fuhr fort: »Die Tiere sind so liebevoll. Es besteht mit ihnen eine große Vertrautheit, enger Kontakt, und es wird immer viel umarmt.

Meine Giraffe entwickelt sich stärker als die anderen Tiere. Und ich habe das Gefühl, sie ist der Teil von mir, der mich nicht mochte. Ich mochte mich selbst nicht. Mir gefiel mein Aussehen nicht, ich wünschte mir, ich könnte anders aussehen. Sie ist wie... nun, sie ist wirklich gewachsen. Sie scheint sich selbst zu bewundern und zu sagen: ›Ich bin in Ordnung.‹ Sie hat keine Angst, daß man sie herumschubst oder sonst irgendwie versucht, sie zu drangsalieren. Sie sagt sich: ›Ich bin in Ordnung so wie ich bin.‹

Ich spüre das in mir. Je mehr sie sich entwickelt, desto wohler fühle ich mich. Es ist gut, zu erleben, wie man fühlt, es ist gut, so zu sein, wie man ist. Man braucht nicht so zu sein, wie es die anderen wollen. Man darf ruhig etwas anders sein. Ich spüre, wie sie sich entwickelt und ich mich ebenfalls.

Ich frage mich jetzt über Ängste, die ich in bezug auf mich selbst habe. Ob diese Ängste wirklich *ich* habe? Und ich neige dazu, sie als Ängste meiner Giraffe zu sehen.

In der letzten Woche ist mir etwas klar geworden, als ich meine Mutter musterte und meinen Vater betrachtete und mich mit Freunden unterhielt: es reicht nicht, richtig zu handeln, das auszudrücken, was man fühlt. Man muß auch bereit sein, zu akzeptieren, was die anderen fühlen. Vielleicht haben sie nicht die gleichen Empfindungen wie man selbst, und das ist richtig so. Die meisten Menschen verbringen ihr ganzes Leben damit, ihren Partner oder ihre Freunde von ihrem Standpunkt überzeugen zu wollen. Ein Standpunkt bildet sich aufgrund von Erziehung, der Umgebung, wer man ist, wo man war und wohin man geht. Diese Umstände sind für jeden andere. Es kommt selten vor, daß ein anderer genauso denkt und fühlt, wie man selbst. Für mich ist es richtig, da zu sein, wo ich bin, und für sie, dort zu sein, wo sie sind. Letzten Endes läuft das auf Kommunikationsfähigkeit hinaus, ob es sich nun um die Mutter, den Liebhaber oder um sonstwen handelt, darauf, mitteilen zu können, ›Ich empfinde das‹ und sie erlaubt mir auch zu fühlen, was ich fühle. Es muß nicht zwangsläufig das gleiche sein. Es geht nur darum, zur Kommunikation fähig zu sein.

Wenn ich früher, bevor mir all das klar wurde, und ich es glaubte und so fühlte, zu jemandem eine Beziehung hatte, für den ich etwas mehr in mir empfand und anfing, die Leute besser zu kennen, sagte ich zu mir selbst: ›Es ist besser, dies nicht mit ihnen zu diskutieren, denn ich weiß bereits, wie sie reagieren werden.‹ So daß das Gefühl in mir angestaut blieb. Jetzt bedeutet es wirkliche Freiheit, zu der Person gehen zu können und zu sagen: ›Ich weiß, Sie werden nicht verstehen oder nachempfinden können, was für einen Standpunkt ich einnehme, doch ich kann es Ihnen mitteilen. Und ich *weiß*, Sie nehmen einen anderen ein, und das ist auch in Ordnung. Aber zumindest kann ich Ihnen sagen, wo ich stehe.‹ Und es nimmt die Last von mir, auch diese Schwierigkeit des Gefühls, des Denkens, in mich verschließen zu müssen, und ich dann nie begreifen würde, was Sie denken oder fühlen. Ich habe schon öfter gesagt: ›Ich möchte Sie bitten, mir zu erlauben, Ihnen zu sagen, wie ich fühle und welchen Standpunkt ich habe.‹ Und ich begreife, daß Sie vielleicht nicht den gleichen haben, das ist in Ordnung. Auch bedeutet es echte Freiheit, das zu sagen, fand ich. Es entsteht eine ganz andere Art von Verständnis, wenn ich mein Gegenüber anschaue und sagen kann: »Es ist ganz in Ordnung, daß Sie nicht einer Meinung mit mir sind, denn wir befinden uns auf verschiedenen Ebenen.« Ich habe das Gefühl, als ob der andere mich anblickt und sagt: ›Donnerwetter, ich darf meine eigene Ansicht darüber haben.‹ Dann ist auch in dem Gesicht des anderen diese Freiheit zu erkennen. Da man frei ist, gibt man auch dem anderen Freiheit. Das habe ich herausgefunden, als ich mit einigen Leuten intensive, schmerzliche Auseinandersetzungen hatte, durch die sie wiederum auf einen ganz anderen Standpunkt kommen können. Es ist, als ob jemand eine Tür öffnete, die vor langer Zeit geschlossen wurde. Es ist wirklich großartig.

Eine Freundin wollte mir etwas erzählen und sagte: ›Ich möchte nicht, daß du dich aufregst, ich fürchte, du wirst dich aufregen, wenn ich dir über das erzähle.‹

Da erklärte ich ihr: ›Gib mir die Gelegenheit, dir zu zeigen, daß ich mich nicht mehr auf dieser Stufe befinde. Ich gebe dir die Freiheit, so zu fühlen, wie immer du willst, wenn du mir das gleiche zugestehst. Und das soll nicht bedeuten, daß du im Unrecht bist und ich recht habe oder umgekehrt. Es bedeutet lediglich, daß ich dir die Freiheit gebe, mir zu erzählen, wie du empfindest, und es ist in Ordnung, egal wie du empfindest.‹

Sie sah mich an, als ob sie sagen wollte: ›Du machst wohl Scherze. Kann ich dir wirklich sagen, wie ich empfinde?‹

Wir unterhielten uns ungefähr anderthalb Stunden darüber. Nachdem sie mir gesagt hatte, wie sie fühlte, sagte ich: ›Das ist schon gut. Das ist mein jetziger Standpunkt und das ist für mich derzeit der richtige und deiner ist für dich im Augenblick auch der richtige.‹ Es war ein wirklich gutes Gespräch und unsere Freundschaft hat sich dadurch vertieft. Sie ist auf einer anderen Ebene seit diesem gegenseitigen Zugeständnis aufrichtig und ehrlich zueinander sein zu dürfen, ohne das Gefühl haben zu müssen: ›Ich muß sie davon überzeugen, daß ich es so empfinde.‹ Diese Last war uns genommen.

Und ähnlich habe ich das mit meiner Mutter gemacht. Ich habe ihr die Last genommen, das sein zu müssen, was sie nicht mehr ist, akzeptiert, daß sie eben anders ist. Und ich glaube, ich werde auch in bezug auf meinen Vater ein ganz neues Leben mit neuer Freiheit finden. Und ich werde ihm erlauben, so zu sein, wie er ist und werde nicht mehr versuchen, ihn hinzustellen, wo er von sich aus nicht ist. Es ist wahrhaftig so, als ob ich aus dem Gefängnis entlassen worden wäre. Man kann von jemandem nicht erwarten, daß er einem jegliche Freiheit einräumt, die man gar nicht verlangt hat, und es ist sehr einfach, sich anzugewöhnen, zu sagen: ›Ich rede nicht mit dieser Person, weil ich weiß, was sie denkt.‹ Man muß darüber erhaben sein und sagen: ›Es spielt keine Rolle, was sie denken, es ist gut so für den Moment. Aber ich höre zu. Und es ist wichtig, was ich denke.‹ Dies habe ich die ganze Woche über erlebt.

Als ich hereinkam, war ich müde. Aber allmählich fühle ich mich immer entspannter, während ich hier sitze.

»Sie gehen also nach Kalifornien?« fragte ich.

»Hm, hm. Ich glaube, diesen Weg einzuschlagen, versetzt mich in die Lage, mich meinem Ziel zu nähern und es schneller zu erreichen.«

»Sie fangen im September an?«

»Hm, hm. Es besteht eine gute Aussicht, daß ich schon eine Stelle habe. Als Leiterin einer Tagesschule, einer Vorschule.«

»Toll!«

»Worüber ich mich sehr freue. Die Dame wollte mich gleich telefonisch engagieren. Ich glaube, sie konnte meine Empfindungen und Vibrationen spüren, und ich spürte ihre. Unser erstes Telefongespräch war unglaublich. Aber vielleicht gehört das auch zu meiner Entwicklung. Ich fühle mich sehr wohl, ich glaube, das ist der Ort wo ich vermutlich hingehen soll. Es ist weniger eine gut dotierte Stelle, aber eine, die Freude macht, d.h. wieder mit kleinen Kindern zu arbeiten.

Ich freue mich darauf. Und ich glaube, mittels der Visualisierung kann ich bei ihnen einiges bewirken, ich möchte es versuchen und bin sehr aufgeregt darüber. Ich glaube, das ist ein guter Schritt für mich.

Es sieht ganz danach aus, als ob es das richtige für mich wäre, wieder mit kleinen Kindern zu arbeiten. Ich glaube, für mich wird das sehr aufbauend sein. Ich werde also jetzt etwas tun, wofür ich weder das Wissen noch die Fähigkeit hatte. Es wird für mich eine wertvolle Erfahrung werden.

Und wenn sich etwas anderes ergeben sollte, kann ich das ja auch noch machen. Ich würde dort auch gern mit Alkoholikern arbeiten. Ich weiß nicht, wie und wo, aber es wird sich auch dafür eine Gelegenheit ergeben. Es ist so, wenn man mit einer Person arbeitet, dann kommt die nächste und so weiter. Ich soll mir wohl aus irgendeinem Grund eine Menge Wissen aneignen und Kräfte sammeln für etwas, das ich später tun werde. Was geschehen soll, wird natürlich geschehen.

Es ist komisch. Ich bin jemand, der sein Leben lang alles nur unter großer Anstrengung erreicht hat, und jetzt auf einmal ist das nicht mehr so. Ich soll dort sein, also werde ich dort sein, und ich werde alles haben, was dafür erforderlich ist. Und wenn es nicht so sein soll, werde ich nicht versuchen, es mit Gewalt zu halten, denn dann bringe ich mich in eine Situation, in der ich nicht sein soll, eine wirklich unangenehme Lage. Und ich möchte mich nicht mehr elend fühlen. Wenn ich auch nur den kleinsten Schmerz fühle, muß ich herausfinden, woher er kommt, denn ich mag das nicht. Es wird mir jetzt so sehr bewußt, wenn ich leide. Wenn mein Herz weh tut, ist es, als ob mein kleiner Hund mich packte und sagte: ›He, tu etwas für mich. Ich mag das nicht mehr.‹ Wenn ich früher Schmerz empfand, wußte ich nicht einmal, weshalb. Hatte nicht die geringste Ahnung, was ich dagegen tun sollte. Nun habe ich das Gefühl, keine Gitter mehr um mich zu haben, mein Gefängnis wurde aufgegeben.

Ich glaube, ich würde gern sehen, was meine Tiere tun, wenn ich versuche, sie heute zu erreichen. Also, ich weiß nicht, ob ich sie sehen werde oder ... Ich weiß einfach nicht, was geschehen wird. Ich weiß, was gestern abend geschah. Also ...«

An dieser Stelle unserer Therapie hatte Sue gelernt, sich schnell zu entspannen, so daß ich meine Entspannungsvorschläge kurz fassen konnte.

»Atmen Sie ein paarmal tief durch und erlauben Sie Ihren Augen, sich zu schließen, und erlauben Sie sich, zu entspannen und sich vollkommen wohl zu fühlen auf Ihrem Stuhl. Erlauben Sie Ihrem Körper, sich des Kontakts mit dem Stuhl und dem Boden bewußt zu werden. Und während Sie sich auf den Rhythmus Ihres Atems einstimmen, stellen Sie sich vor, daß jede Zelle Ihres Körpers unmittelbar diesen reinen Himmel einatmet, diese erfrischende, reinigende Energie aufnimmt, und alles ausatmet, was alt und abgestanden ist, anstrengend und bereit, ausgestoßen zu werden. Und erlauben Sie sich selbst, sich mit Ihren Tieren zu treffen, wo auch immer sie sein mögen, und sagen Sie mir, wenn Sie sie sehen können.«

Nach einer Weile sagte Sue: »Ich sehe eine Tür. Ich soll wohl durch die Tür gehen.

Als ich die Tür öffne, ist es als ob ich auf mein riesiges Ich sehe. Es ist eine Tür, die in mein Inneres führt.

Ich soll dadurch erkennen, daß alle meine Tiere in Wirklichkeit mein geistiges Ich sind. Es gibt einen Ort in mir, wo sich mein Geist befindet. Und es ist ein wunderschöner Ort, ähnlich wie der, an dem ich mich immer mit den Tieren treffe. Und sie sind alle da.

Das erste Tier, dem ich am nächsten bin, ist die Giraffe, und sie legt ihre samtige Nase auf meine Schulter. Sie sagt, ich habe sie diese Woche bewußter wahrgenommen, weil ich mehr mit ihr gearbeitet habe. Und das freue sie. Sie erklärte mir das erste Mal, sie fühle sich wohl. Sie sagte auch, sie brauche nicht zu beweisen, wer sie sei. Sie brauche nicht zu befürchten, daß sie etwas Falsches tue oder am falschen Platz sei oder daß sie etwas empfinde, was geändert werden müsse. Sie ist das, was sie ist, und das ist in Ordnung.

Sie sagt, sie fühle sich den anderen Tieren mehr verbunden denn je. Es scheint, daß da, wo sie geht, auch die anderen gehen.

Und Jonathan, die Möwe, ist auch da. Sie wirkt sehr munter und lebendig.

Ich muß neben meinem Leoparden sitzen.«

Er sagte, mit der Zeit werde ich immer besser erkennen, auf welcher Entwicklungsstufe meine Mutter steht. Daß sie fast als Führerin dienen kann, um zu zeigen, wo Vater steht. Meine Übersensibilität dafür, wer sie ist und wo sie steht, läßt mich erkennen und spüren, daß auch mein Vater sie besitzt, sonst würde Mutter nicht da sein. Sie ärgert sich über die Tatsache, daß sie nicht besser wahrgenommen hat, wo sie steht und was sie gefühlt hat und dies verborgen hat. Aber auch wenn sie ihre Gefühle in sich verschlossen hat, würde sie nicht bei meinem Vater sein, wenn er wirklich ein böser Mensch wäre, ein harter Mann ohne Gefühle. Als sie mir neulich erklärt hatte, daß Vater und sie vielleicht nicht mehr beieinander wären, wenn sie wirklich gesagt hätte, was sie fühlte, bedeutete dies wirklich, daß es bedauerlich sei, daß sie es nicht schafften, ein tiefes Gefühl dafür zu entwickeln, herauszufinden, wo der andere steht, daß sie sich nicht entwickelt haben, in allen Bereichen, in denen sie es gemeinsam gekonnt hätten. Doch Mutter hätte sich trotz allem wieder für Vater entschieden, immer wieder. Und ich müsse mein Beisammensein mit ihr genießen und erkennen, wo sie steht. Es werden gute, freundliche, hilfreiche Zeiten und Zeiten der Nähe sein. Daß sie nicht immer da sein werde und ich die Zeit genießen müsse, die sie da sein werde. Daß diese Zeiten kostbar seien. Nun sehe ich Farben rund um meine Mutter. Ihre Farben sind mir deshalb nicht sichtbar geworden, weil ich nicht begriffen habe, wo sie steht. Wenn man sich auf die Energieebene eines anderen einstimmen will, muß man zuerst den anderen akzeptieren, sich auf seine Schwingungen und seinen Entwicklungsstand einstellen und auf dessen Verhältnis zu einem selbst.

Ich lege den Arm um meinen Leoparden. Er erzählt mir, ich begebe mich auf eine Reise, eine Reise des Verstehens, bei der ich erkennen werde, wo ich mit Bobby stehe. Eine Reise, bei der ich genau sehe, wo er steht. Er ist nicht mehr der kleine Junge von einst. Und ich werde meine Stärke und meine Energie auf ihn übertragen. Daß meine Energie sich angehäuft hat, daß sie im Übermaß fließen werde. Von mir werden andere Menschen gestärkt und ihre Gefühle dadurch geschützt. Wenn ich ihnen meine Energie übertrage, werden mir große Mengen neuer Energie zufließen.

Ich sehe einen Berg, einen großen Berg. Voller Felsen und dunkler Höhlen. Und Bäumen, die noch nicht ausgewachsen sind. Und andere riesige Bäume. An manchen Stellen ist der Berg sehr rutschig und tückisch. An einigen Stellen liegt sogar Schnee. Jahrelang bin ich diesen Berg hinaufgeklettert. Doch jetzt bin ich nicht mehr auf diesem Berg, aber ich kann ihn sehen. Ich kann Gräber sehen und Tränen, viele Tränen, die den Berg herunterrollen und Geister. Und sogar einen Blutstrom, der den Berg herunterfließt und den Schnee rot färbt.

Der Leopard füllt meinen Körper mit Energie. Alle Tiere sind versammelt. Wir stehen eng im Kreis und berühren einander. Der Leopard hat mir das goldene Schwert in die Hand gedrückt und fordert mich auf, den Berg zu berühren.

Und es ist so, als ob ich eine Riesin wäre, ich bin größer als der Berg. Und als ich diesen Berg berühre, ist es wie ein Vulkanausbruch. Ich sehe, wie große Felsstücke durch die Luft fliegen, und der Schnee schmilzt. Und ich sehe einen großen Energieball über diesem vernichteten Berg schweben. Der Leopard sagt, all unsere Energie habe den Schnee berührt. Und als ich den Schnee berühre, verschwindet der Berg, das heißt, die Überreste davon. Dann strömt ein Fluß vorbei, und Bäume fangen an zu wachsen und das Gras beginnt aus dem Boden zu sprießen, und die Sonne scheint, und ich sehe kleine Tiere im wachsenden Wald.

Ich sehe meine Familie, jeden einzelnen, wie er hervortritt.

Meine Mutter: ich berühre ihre Schulter und gebe ihr die Erlaubnis, sie selbst zu sein.

Mein Vater kniet, und ich gebe ihm die Erlaubnis, er selber zu sein.

Und meinem Sohn die Erlaubnis, sich zu entwickeln.

Und meiner Enkelin die Kraft, stark zu sein.

Der Frau meines Sohnes die Erlaubnis, die Stärke meines Sohnes zu sein und ihm bei seiner Entwicklung zu helfen, wodurch sie sich selber entwickeln wird.

Und ihrem Sohn die Erlaubnis, daß ich akzeptiere, wer er ist und ihn in mein Leben integriere.

Und Margaret gebe ich meine Stärke und akzeptiere es, daß ich nicht mehr für sie tun kann.

Und dann Mary, der ich erlaube, sich ohne mich zu entwikkeln. Auch gebe ich ihr Stärke und werde immer ihre Freundin sein.

Ich sehe viele andere Menschen, die ich kenne, und sie sagen alle zu mir: ›Wir akzeptieren dich, und wir erlauben dir, dich unter den Menschen aufzuhalten, bei denen du sein willst.‹

Der Leopard sagt, ich werde zum Strom hinuntergehen und ihn an einer neuen Tiefe überqueren. Dafür mußte ich mich lösen, jeder auf meinem Berg befand sich auf einer anderen Ebene und belastete mich; jeder dieser Menschen spielte bei meiner Entwicklung eine andere Rolle. Ich bin jetzt davon frei.

Er sagte, es gebe keine weiteren Berge, die ich erklimmen müsse, nur noch Täler, die ich durchwandern müsse. Und wenn sich mein Tal vorübergehend in einen Berg verwandle, müsse ich meinen Geist anrufen, um zu erfahren, wie ich diesen Berg zerstören könne, denn in Zukunft gebe es in meinem Leben keinen Platz mehr für solche Dinge. Auch wenn ich großen Kummer erleide, könne ich in meinen Tälern leben. Ich müsse keine steile Straße mehr erklimmen. Auch im Unglück kann es eine Reise sein, eine Reise zu etwas Neuem, um sehen zu lernen.

Ich fühle erneut die Kraft des Leoparden, seine Wärme, seinen Mut, allem entgegenzutreten, seine positive Einstellung. Ich spüre die anderen Tiere, ihre Stärke, ihre Führung. Er sagte erneut, es sei an der Zeit für mich, meine Reise anzutreten und ich weiß, daß sie bei mir sein werden. Und ich kann zu jeder Zeit mit jedem der Tiere Kontakt aufnehmen, egal wo, sie werden da sein.

Der Leopard sagt, ich solle mein Schwert nehmen und jedes der Tiere damit berühren. Als ich dies tue, verschwinden sie in meinem Schwert, jeder einzelne von ihnen. Die Giraffe als erstes. Sie kommen bereitwillig auf das Schwert zu, genau das wollen sie tun, genau da wollen sie sein. Sie wollen zusammen sein. Ich muß mich hinunterbeugen und meinen Alligator berühren, und er verschwindet in meinem Schwert. Als ich die Hand ausstrecke und meine Möwe berühre, ist es so, als ob ihre Energie sich in kleine Schwerter aufteilte. Meine Bärin geht ruhig in das Schwert hinein. Und mein Scotchterrier springt hinein.

Mein Leopard steht vor mir und sagt, daß, sobald er im Schwert verschwunden sei, ich bereit sei, meine Reise anzutreten, voller Energie, voller Vorfreude auf den neuen Anfang. Er sagt: ›Vergiß nicht, daß ich hier bin, so nah, daß es nur eines Winkes bedarf, und du kannst mit mir reden. Vergiß nie, wie nah wir uns sind.‹ Und ich beuge mich hinunter, und umarme ihn, sein weiches, samtiges Fell. Er sagt: ›Steh auf. Es wird Zeit zu gehen.‹ Und er springt ins Schwert.

Und ich gehe zurück zu meiner Geist-Türe. Es kommt mir so vor, als trete ich beim Schließen der Tür aus meinem Inneren heraus.«

Tiefschluchzend öffnet Sue die Augen.

»Es war wie ... ich erlebte ... Ich spürte, daß alles, was zwischen Vater und mir gestanden hatte, jetzt verschwunden ist. Es war, als stehe er vor mir und bitte mich inständig: ›Nimm dies auch.‹ Er wußte nicht, wie er mir näher kommen konnte. Er versuchte es seit meiner frühen Kindheit. Ich glaube nicht, daß er die Wand errichtet hat, das war ich. Da ich nicht fähig war, mich mitzuteilen. Ich wünschte mir immer, daß er verstehe, wo ich stehe, aber ich fragte ihn nie, wie es sich bei ihm verhielt. Und all das strömt jetzt aus mir hervor. Plötzlich läuft es wie ein Film vor meinem inneren Auge ab, der mir sagt: ›Deswegen ist es so.‹

Es ist, wie ich vorher erwähnte: Man kann nicht von dem anderen verlangen, daß er einen akzeptiert, wenn man nicht selber bereit ist, ihn zu akzeptieren. Es ist wechselseitig. Man kann nicht sagen: ›Ich möchte, daß du verstehst, wo ich stehe, aber ich möchte nichts tun um zu verstehen, wo du stehst.‹

Der Berg war unglaublich. Ich konnte den Schmerz und die Tränen sehen, wie eine Flut, die aus mir herausströmte, das empfand ich in verschiedenen Situationen; wie ich meinem Vater nahestehen wollte und nicht verstand, wo ich selber stand; die Verwirrung und Einsamkeit und Verzweiflung, weil ich nicht wußte, was ich mit mir anfangen sollte, mit mir und meinem Leben. Verwirrung, wie dieser gewaltige Berg mit all den Felsen, die überwunden werden mußten und die gigantischen Bäume, an denen ich nicht vorbeikam und tief-warme Bäume – von denen einige gerade gewachsen waren, andere wiederum krumm, wie riesige Monster – und der Schnee und die Eisplatten, auf denen man ausrutschte und sich das Genick brechen konnte.

Als der Leopard mir das Schwert in die Hand gab, wuchs ich darüber hinaus. Plötzlich blickte ich nicht mehr zum Berg hoch, sondern blickte von oben auf ihn herunter. Und als ich ihn mit meinem Schwert berührte, war es wie eine Explosion, wobei kleine Felsbrocken durch die Luft wirbelten, wie die Teile meiner Vergangenheit, Bruchstücke meines Geistes, meiner vergangen Gefühle und Gedanken und Prüfungen. Ich war verwirrt, weil alles vernichtet wurde.

Und dann sah ich diese unglaubliche Prozession, bei der all die Leute vor mich hintraten, die in meinem Leben eine Rolle gespielt hatten. Und jeder davon hatte ein unterschiedliches ... war anders ... Ich gab ihnen etwas anderes, oder sie gaben mir etwas anderes zurück, was noch in meiner Entwicklung fehlte, insbesondere in bezug auf meine Mutter und meinen Vater und meinen Sohn. Die Botschaft lautete: Erlaube ihm, sich zu entwickeln, erlaube ihm, er selbst zu sein, mit anderen Worten: erlaube ihm das, was deine Eltern dir nicht erlaubt haben. Ich spürte dies und daß Vater in seiner Frau eine gute Führerin hatte. Ich muß ihn loslassen und lasse sie sich gegenseitig führen. Und meine Enkelin muß ich stark werden und sich entwikkeln lassen, um glücklich zu sein. Und Bobbys Frau bekam noch ein Baby, das nicht von ihm war, was ein Bluttest bewiesen hatte. Mary, so heißt das Kind, wird nicht gut versorgt, doch ich kann nichts dagegen tun. Sie trägt wohl Bobbys Namen, doch er hat kein Sorgerecht, sondern Margaret, Bobbys Ex-Frau. Sie hatte mehrere Male wegen Lungenentzündung im Krankenhaus gelegen. Ich konnte ihr lediglich von meiner Stärke geben. Meine Hände sind jedoch gebunden, was sie angeht. Ich wünschte, ich könnte sie aus dieser Situation herausholen und zu ihrer Mutter sagen, daß sie Mary nicht behalten kann.

Was für ein Erlebnis! Ich hätte es mir nie träumen lassen ... Ich habe nicht einmal an all dies gedacht. Es ist erstaunlich, wie durch die Visualisierung all diese Dinge klar vor Augen geführt werden, so daß man sie sehen und identifizieren kann. Dieser Berg war gräßlich, ein schrecklicher Teil meines Lebens. Und heute ist der erste Tag eines Neubeginns. Jeden Tag erwache ich und fühle mich stärker.

Und mein Leopard ist so ein reizendes Tier, so mächtig. Ich verstehe jetzt, weshalb ich ihn nicht früher gesehen habe, vor meiner Weiterentwicklung. Ich hätte mich vor soviel Macht gefürchtet. Er besaß so viel Kraft und Energie. Fast hatte man den Eindruck, er könne zaubern, habe Macht über Leben und Tod. Wenn ich ihm als erstes Tier begegnet wäre, hätte ich keinen Zugang zu ihm gefunden, er hätte mich erschreckt. Und jetzt würde ich ihn am liebsten streicheln und ich habe keinen Funken Angst vor ihm, auch wenn er soviel Kraft besitzt. Er mißbraucht seine Kraft nicht. Er ist sehr freundlich, würde mich aber anschnauzen, wenn ich den falschen Weg einschlagen würde, so daß ich wissen würde, daß er etwas unternommen hat.

Das ist wirklich großartig von ihm.«

»Hört sich fast wie ein Abschied an, nicht wahr«, sagte ich.

»Ja«, erwiderte sie, »es ist fast so, als ob sie mir sagen wollten, daß ich nicht mehr so oft zu kommen brauche.«

Ich sagte: »Unser nächster Termin findet in drei Wochen statt. Ich bin dafür, daß wir ihn wahrnehmen, als Test, und dann brauchen wir uns vielleicht nicht mehr zu treffen.«

»Ich bin davon überzeugt, daß sie mein Leben total im Griff haben, das ist wundervoll. Ich habe absolute Kontrolle über mein Leben. Das ist ein gewaltiges Gefühl. Ich hätte nie gedacht, daß das möglich wäre. Aber ich glaube fest, daß sie um mich sind. Noch vor einer Woche glaubte ich, sie suchen zu müssen. Doch sie sind *da*. Ich kann jeden von ihnen zu jeder Zeit erreichen. Weil ich einfach in mich selbst eintauche.«

»Sie haben ja auch gesehen, wie groß Ihr Geist ist.« »Größer als der Berg,« sagte ich.

»Ist das wirklich so? Ja, genau so ist es. Es war fast so, als hätte ich den Himmel ausgefüllt. Wie nah ich wohl Gott gewesen bin in diesem Augenblick?«

14
Das ist mein Schloß

»Wenn ich Ihnen erzählen würde, was sich alles in den letzten drei Wochen ereignet hat, würden Sie mir nicht glauben.«

»Eine Menge, nicht wahr?« fragte ich.

»Da war die Geschichte mit einer Freundin, zumindest hielt ich sie für eine. Ich rief sie an und fragte sie, ob sie Lust habe, mit mir zum Mittagessen zu gehen. Sie sagte nein, sie habe beschlossen, mich aus ihrem Leben zu streichen, da sie mich psychisch nicht verkraften könne. Daraufhin unterhielten wir uns lange.

Zuerst war ich verstört, doch dann tauchte ich in mein Ich, in meine Gefühle und fragte mich: ›Weshalb berührt mich das?‹ Denn ich war mir nicht sicher, ob ich diese Beziehung überhaupt fortsetzen, ja mit dieser Person selbst eine Freundschaft pflegen wollte. Also war das eine Art von Prüfung.

Und ich fand heraus, daß sich diese Person von mir bedroht fühlte und noch nie eine Freundschaft gehabt hatte. Nach dem Motto: ›Ich möchte wohl gern mit dir befreundet sein, aber sprich ja nicht über deine Probleme.‹ Manchmal, wenn ich Kummer hatte, vertraute ich mich ihr an, und sie nahm mir das übel.

Und nachdem ich das aufgearbeitet hatte, kam ich zu der Schlußfolgerung, daß ich nicht die Zeit habe, Energie in eine Freundschaft zu stecken, die mir verwehrt, etwas daraus für mich zu gewinnen. Als mir das klar wurde, tat es nicht mehr weh. Es gibt kein Fundament, auf dem diese Freundschaft aufgebaut werden kann.

Wenn ich bereit bin, mit jemandem Freundschaft zu schließen und sage: ›Ich helfe dir, ich bin dein Freund‹, dann möchte ich nicht ein Jahr später bereuen müssen, mit dieser Person befreundet gewesen zu sein. Meine Freundin muß wohl viele Probleme haben. Ich weiß es nicht, aber ich vermute es. Und ich bin nicht bereit, Energie zu investieren, da ich ja auch keine Energie zurückbekomme. Also ist es vergebliche Liebesmüh. Man hört auf damit und geht weiter seinen Weg.«

»Haben Sie früher auch so reagiert?« fragte ich.

»Nein! Ich wäre gekränkt gewesen. ›Oh, wie ist es möglich, daß diese Person nicht meine Freundin sein möchte?‹ hätte ich mich gefragt. Heute überlegte ich: ›Ich muß herausfinden, wo ich dabei stehe und muß das Problem lösen, darf mich nicht festklammern.‹

Ich bin erstaunt, wie ich damit fertig werde, bin auch überrascht über meine positive Einstellung. Es gibt keine negative Empfindung in meinem Leben.

Oh, ich muß Ihnen noch etwas erzählen, was wirklich aufregend ist... Habe ich Ihnen schon berichtet, daß ich nach San Francisco fuhr?«

»Um Ihren Sohn zu besuchen?«

»Ja, genau. Er wurde zweimal in die Notaufnahme gebracht. Er hatte schreckliche Migräneanfälle. Man wußte nicht, was mit ihm los war. Also fuhr ich hin, und er wälzte sich vor Schmerz auf dem Boden. Ich wußte nicht, daß dies bereits seit drei Wochen andauerte. Er konnte es nicht mehr aushalten.

Ich hatte ihm einige meiner Kassetten geschickt, die ich für meine ›Biofeedbacks‹, Entspannung usw. benutze. Also machte ich eine tiefe Entspannung mit ihm durch und ließ ihn visualisieren, was sein Schmerz war. Er visualisierte einen riesigen Zahn.

Am nächsten Morgen ging ich mit ihm zum Zahnarzt in die Zahnklinik. Man zog ihm einen Zahn und innerhalb von acht Stunden vergingen seine Kopfschmerzen völlig. Seither hat er kein Kopfweh mehr. Nun, da sind Sie doch wohl baff, wie?

Ich konnte es nicht glauben. Sie machten ein Röntgenbild. Ich brachte ihn einfach hin und sagte: ›Bobby hat Probleme mit einem Zahn. Ich weiß nicht, an welchem, aber er hat einen Abszeß‹. Also machte man die Röntgenaufnahme und entdeckte den Abszeß. Der Zahn war so vereitert, daß er neben dem Zahn bereits eine krankhafte Veränderung am Gaumen hatte. Wenn man darauf drückte, floß der Eiter heraus. Und er war so entzündet, daß man den Zahn sofort zog, auch wenn man im allgemeinen abwartet, bis die Entzündung abgeklungen ist. Man gab ihm Antibiotika und … Großartig!«

»Donnerwetter.«

»Es faszinierte mich total. Ich wußte ganz einfach, daß ein Zahn der Übeltäter war.«

»Sie verstehen die Botschaft der Visualisierung«, sagte ich.

»Es ist, als ob man die Fähigkeit habe, in jemanden einzutauchen und zu spüren, woher dessen Schmerz rührt und dann in das Wissen, was man sagen soll, geführt wird. Irgendwie scheint mir, habe ich eine Verbindung mit dem, was ich sagen muß. Es ist, als ob ich es nicht selber sage, sondern sie mir die Information eingeben, damit ich weiß, was ich sagen soll. Als ich das erste Mal erkannte, daß ich das tun kann, versetzte ich mich in die Person, verband mich vollständig mit ihr und begann sie zu heilen, doch es gelang mir nicht, weil es nicht meine Gefühle, nicht mein Schmerz waren. Das war für mich sehr schmerzlich, und hat mich regelrecht ausgelaugt. Inzwischen verbinde ich mich nicht mehr so total, egal, ob es sich um meine Mutter oder meinen Sohn handelt. Ich kann mich in sie versetzen, irgendwie ihre Vibrationen aufnehmen, mich wieder lösen und weiß, woran sie arbeiten müssen. Nein, das geht zu weit, ich weiß nicht, woran sie arbeiten müssen. Ich kann sie nur dahin führen, daß sie erkennen, woran sie arbeiten müssen. Ganz instinktiv schlagen sie diesen Weg ein. Es ist erstaunlich: Wenn man sie nur dort hinführt, greifen sie das in ihrer Seele auf.

Etwas finde ich unheimlich: Die Menschen scheinen zu spüren, daß man irgendwie anders ist, tiefgründiger. Und wenn man selbst tiefer empfindet, nimmt man wahr, woran die Menschen wirklich leiden.

Ich habe eine Cousine mit einer siebzehnjährigen Tochter. Vor etwa einem Jahr waren die Tochter und ihr Großvater in einen Unfall verwickelt, bei dem der Großvater und dessen kleiner Hund ums Leben kamen. Da der Großvater der Bruder meines Vaters war, ging mir die Geschichte selber sehr nahe. Obwohl ich mit meiner Cousine engen Kontakt hatte, als wir aufwuchsen, hatten wir uns etwas aus den Augen verloren. Ich rief sie an. Sie ist die Leiterin des Mountain Lakes Resort. Ich möchte gern mein Segelboot verkaufen und dachte mir, sie könne mir raten, wo ich dafür einen Käufer finden könnte. Sie war sehr erschüttert, sehr unglücklich. Sie hat viel Schweres erlebt, seit ihr Vater bei diesem Autounfall ums Leben kam. Ihre Tochter kann seinen Tod nicht überwinden. Sie ist seitdem in ihrer Entwicklung stehen gebliegen, versagt in der Schule. Sie hatte inzwischen zweimal fast einen Nervenzusammenbruch und leidet unter Alpträumen. Ich erkannte sofort, was los war, daß es mit dem Unfall etwas Besonderes auf sich hatte. Sie muß ihn rekonstruieren und herausfinden, was es ist: Schuldgefühle, die Tragödie, den Tod des Großvaters mitzuerleben, das Groteske daran, oder was immer sie an dem Vorfall fesselt. Ich habe nicht das Gefühl, daß ich ... es ist unheimlich für mich, sie dorthin zu geleiten. Und ich wollte ihr auch empfehlen, ihre Tochter zu Ihnen zu bringen. Für mich ist es zu problematisch. Ich möchte Sie also fragen, ob es richtig ist, ihr zu empfehlen, Sie aufzusuchen und ihre Tochter mitzubringen. Ich habe ganz stark das Gefühl, ich sollte mich da raushalten, da es für mich fürchterlich wäre.«

»Nicht nur fürchterlich, es ist auch eine sehr starke persönliche Verbindung, die Ihnen das alles schwer machen könnte,« sagte ich.

»Vielleicht nicht einmal so furchtbar, aber es könnte sein, daß ich mit dem, was sie zu sagen hat, nicht fertig werde.«

»Das könnte hart für Sie sein,« erwiderte ich.

»Ich glaube, meine größte Befürchtung ist ..., daß ich nicht genügend Bescheid weiß. Wenn ich sie zurückführe, könnte sie vielleicht zusammenbrechen oder dergleichen, da mir die nötigen Kenntnisse fehlen, um sie richtig zu leiten oder weil ich nicht weiß, welche Energie sie braucht, um sie davor zu bewahren. Noch vor einem Jahr hätte ich gesagt: ›Kein Problem, wir werden's schon schaffen!‹ Aber ich bin mir jetzt so sehr der Gefühle der anderen und meiner eigenen bewußt, daß ich weder mich selbst noch jemand anderen in diese Lage bringen werde. Ich habe das Gefühl, es ist zu gefährlich. Aber ich wollte mit Ihnen reden, damit Sie, wenn sie anruft, wissen, um wen es sich handelt.«

Ich sagte, ich sei bereit, sie zu beraten. Dann fragte ich

Sue, ob sie in letzter Zeit Kontakt mit ihren Tieren aufgenommen habe.

»Sicher, besonders mit meinem Scotchterrier. Er scheint weiter von mir entfernt zu sein, als die anderen Tiere und dafür gibt es einen triftigen Grund. Mit den anderen Tieren muß ich nicht unbedingt speziell Kontakt aufnehmen, weil ich die ganze Zeit mit ihnen in Kontakt stehe. Doch mein kleiner Scotchterrier benötigt diese besondere Beachtung, aber ich merkte dies erst vor etwa einer Woche, denn ich weiß, daß sie immer um mich sind, ohne daß ich sie speziell visualisiere, ich spüre sie einfach. Ich habe das Gefühl, als ob sie zu mir sagten: ›Richtig so, Sue.‹ Ständig erlebe ich diese Rückkoppelung mit ihnen.«

»Ich suchte also meinen Scotchterrier auf, weil ich dachte, daß ich das tun sollte, es war mir ein inneres Bedürfnis. Doch er ließ mich nicht näherkommen, knurrte, als ob er mich fressen wolle, fletschte die Zähne. Ich fragte ihn, was los sei.

›Nun, du hast mich nicht aufgesucht. Weshalb denn nicht? Du mußt mich unbedingt aufsuchen, ich brauche das.‹

Also nahm ich ihn auf den Arm und streichelte ihn und erklärte ihm, es tue mir leid. Nun suche ich ihn fast jede zweite Nacht auf, nur um ihn zu streicheln. Und ich erkannte ... er teilte mir mit, alle Tiere seien wirklich stark – außer meinem Herz – und genau da befinde er sich. Ich müsse mit ihm immer in engerem Kontakt stehen, visuellem Kontakt, müsse tatsächlich wissen, daß ich Kontakt mit ihm aufnehmen müsse, da meine Intelligenz, meine Kraft, meine Stärke und meine Handlungen eine Einheit bildeten, doch mein Herz manchmal besonders viel Kraft benötige.«

»Es wird allmählich Zeit, daß er sich auch entwickelt. Fast alle anderen Tiere haben sich weiterentwickelt,« sagte ich.

»Er entwickelt sich jetzt, fühlt sich besser. Ich versichere ihm immer wieder, daß ich da sei, daß ich solange da sein werde, bis er selber das Gefühl hat, daß ich nicht die ganze Zeit da zu sein brauche, denn er ist ja auch da, wenn ich ihn brauche, so soll er wissen, daß ich auch immer da bin.

Es verblüffte mich, daß er sich so verhielt, als ich ihn aufsuchte, sonst wollte er immer, daß ich ihn auf den Arm nehme. Das gab er mir auch deutlich zu verstehen. Er sagte: ›Tu mir das nicht an!‹ Daß meine Stärke und Intelligenz da seien, finde er gut, aber deshalb brauche er all diese positiven Streicheleinheiten. Das war sehr interessant. In der letzten Woche hatte ich das Gefühl, diese Stärke zu spüren, deren Ursprung mir jetzt klar ist. Dies zu erkennen, war wirklich sehr interessant. Es ist fast das gleiche Gefühl wie bei meiner Katze. Ich brauche nur die Hand auszustrecken, um sie zu streicheln. Und ich kann etwas tun, das mir sehr angenehm ist, und ich habe eine Visualisierung meiner Giraffe, die sich elegant bewegt, oder ich werde von meinem Leoparden gestupst, der sagt: ›Prima, genau das sollen wir zusammen machen.‹ Wenn ich meinen Kopf anstrenge, sehe ich von Zeit zu Zeit meine Möwe, ganz spontan. Es scheint, als ob das meine starke Seite ist, die das vollbringt. Wie eine Momentaufnahme eines Teiles von mir, der mir sichtbar wird. Es ist fast eine ... wie einen Blitz, einen Geistesblitz, sehe ich meine Möwe, die durch meinen Geist fliegt. Sie sind also stark, aber ich muß mich noch besonders um die Stelle bemühen, an der der Scotchterrier in seiner Entwicklung steht, muß mich noch besonders bemühen, ihn zu sehen. Er kann anscheinend noch nicht das, was die anderen Tiere können.«

»Es verblüffte mich sehr, daß der Scotchterrier knurrte, denn das tat er sonst nie. Und ich habe den starken Wunsch, einen Scotchterrier zu kaufen, muß unbedingt einen finden. Und das ist nicht einfach. Und wenn man einen gefunden hat, ist er sehr teuer, ungefähr 300 Dollar. Und ich habe keine 300 Dollar, um sie für einen Scotchterrier auszugeben, doch ich habe das Gefühl, daß ich aus irgendeinem Grund bald einen bekomme. Und ich bin offen dafür. Und ich habe bereits alle Umstände berücksichtigt, und ich weiß, daß ich einen haben werde, wenn es so sein soll. Ich weiß eigentlich nicht, weshalb es so wichtig ist, daß ich einen habe, da ich mir noch nie einen Scotchterrier gewünscht habe, aber ich werde einen haben. Ich brauche ein lebendes Symbol, um zu wissen, woher ich komme und wohin ich gehe. Ich weiß nicht, weshalb das so ist. Ein ausgestopfter reicht nicht. Also warte ich, bis ein lebendiger auftaucht.«

»Ich glaube, ich würde gern eine Weile mit ihm zusammen sein. Haben wir Zeit dafür?«

»Nun, wir können es einrichten,« sagte ich. »Atmen Sie den

klaren, frischen Himmel ein und atmen Sie jeglichen Streß und jegliche Anspannung aus. Und erlauben Sie sich, Ihre Tiere aufzusuchen, insbesondere Ihren Scotchterrier.«

»Ich bin hier bei ihnen. Anscheinend hat der Scotchterrier sie alle zusammengetrommelt. Sie wirken alle ganz gelöst. Der Scotchterrier hat sich große Mühe gegeben, sie besser kennenzulernen, so wie ich es tue. Er freute sich immer, wenn er mich sah und sprang an mir hoch. Er sagte, er habe herausgefunden, daß er sich nicht nur als mein Freund, sondern auch als der der anderen Tiere wohlfühlen werde. Er verstehe jetzt, was ich ihm sagte, daß ich immer da sei. Ich bin immer für sie da. Darüber ist er wirklich erfreut.«

»Fragen Sie die Tiere, ob Sie heute irgend etwas tun sollen,« schlug ich vor.

»Der Scotchterrier sagte, ich solle einfach eine Weile mit ihnen zusammensitzen und die Energie mit ihnen austauschen: Sie sind sehr damit zufrieden, daß alles so gut funktioniert und sie miteinander harmonieren.«

»Der Alligator sagt, als letztes müsse ich das Rauchen aufgeben, und ich werde es am Wochenende tun. Und ich sage ihm, daß ich das wisse.

Der Leopard fragt mich, wie ich über die Wand zwischen mir und meinem Vater denke und ob sie immer noch vorhanden sei.

Nein, Gott sei Dank nicht mehr. Doch mein Vater und ich müssen miteinander reden, was wohl am Samstag sein wird. Wir werden mein Boot nach San Franzisco bringen.

Meine Bärin legt ihren Arm um mich wie eine gute Freundin. Sie sagte, es sei ein gutes Gefühl, sich physisch, geistig und gefühlsmäßig wohl zu fühlen. Und sie würden mich nie im Stich lassen. Und sie würden mit meinem Scotchterrier arbeiten, damit meine letzte Entwicklungsphase beginnen könne.

Der Leopard legt seine Pranke auf mich. Er sagt, die letzten Phasen meiner Entwicklung bedeuteten, daß ich mich für andere entwickeln werde. Jedesmal wenn ich mit jemandem in Berührung komme, der sich dadurch entwickelt, werde ich mich auch weiterentwickeln. Er sagte, er habe bemerkt, daß ich keinen Teil meiner Vergangenheit wieder aufgenommen habe, seit diese zerstört worden war. Und mein goldenes Schwert sei schärfer denn je; beide Klingen seien scharf geschliffen. Ich kenne sowohl meine Grenzen als auch meine Stärken. Ich sei mir meines Geistes und dessen Größe bewußt. Und ich sei völlig in Harmonie mit mir selber, sei, völlige Einheit, Ganzheit. Ich sei mir über meine Gefühle nicht mehr im unklaren, wisse jetzt genau, was ich empfinde. Und ich habe weder Angst davor, gekränkt oder enttäuscht zu werden, Schmerz zu erleiden, noch Freude und Glück zu empfinden. Ich könne jetzt genau unterscheiden, zwischen ›ich bin gekränkt‹ und ›ich bin verärgert‹. Das war immer eines meiner Hauptprobleme ... Er erinnert mich an etwas ... wirklich Lustiges. Er möchte, daß ich Ihnen von meiner Königskobra berichte.

»Diese Woche verwandelte sich meine Königskobra in eine Comic-Schlange, eine Zeichentrick-Schlange. Sie erschien mir als Witzblattfigur. Dies bedeutete die völlige Zerstörung meiner Ängste vor Gefühlen, meine Fähigkeit, damit fertig zu werden. Das genaue Gegenteil von der einstigen totalen Furcht vor der Schlange, die mir schrecklich und gefährlich erschien, das absolut Lächerliche. Es war, als ob die Luft aus ihr entwichen sei, und sie verschwand. Das war eine meiner letzten Entwicklungsphasen. Ich versichere Ihnen, daß das wirklich funktionierte. Diese Angst vor der Schlange trieb mich derart an, mich mit meinen Gefühlen zu befassen, weil ich nicht wollte, daß sie mich angreift. Es war wirklich grauenhaft.

Der Leopard reicht mir eine Handpuppe. Sie sieht aus wie meine Zeichentrick-Schlange. Er sagt, jedesmal wenn ich in Berührung mit meinen Gefühlen komme und mich nicht damit auseinandersetzen möchte, werde ich diese Puppe auf meiner Hand sehen, um mich daran zu erinnern, wie lächerlich dies sei.

Er sagt, mein neues Leben, mein Aufblühen und meine Schönheit hätten sich entwickelt, und er wolle, daß ich das betrachte.

Und mein Leben ist reicher geworden. Die Bäume sind schön, stark und gerade gewachsen. Und meine Giraffe ist da. Sie sieht mich mit ihrem vertrauten Blick an und geht durch den Wald und sucht sich genau die richtigen Zweige aus, an denen sie knabbern will. Sie ist so anmutig, und ohne Angst. Sie ist gepflegt, und ihre Augen funkeln.

Und sie hat ein Baby bei sich. Ich wußte gar nicht, daß sie ein Baby bekommen würde. Dieses Baby ist meine Enkelin Cindy. Und der Leopard sagte, daß sie gut beschützt sei.

Ich kann meine Energie spüren, meine Hände werden so warm. Ich fühle mich in ein warmes Leuchten gehüllt. Je mehr ich es wahrnehme, um so strahlender wird das Leuchten um mich herum. Der Leopard zeigt mir einen roten Lichtschein. Wenn ich rot sehe, bedeutet das Gefahr. Ich fürchte mich vor Gefahr. Ich kann sie bei Menschen sehen. Er zeigt mir Farben und erklärt mir ihre Bedeutung. Er sagt, mein Schwert könne dieses Rot in Rosa verwandeln, was Milde bedeutet, die zunimmt. Ein gelber oder weißer Schein bedeutet Energie, eine vertrauenswürdige Person, eine Person voller Energie. Und ich muß mich vor Menschen mit schwarzer oder gräulicher Farbe in acht nehmen oder solchen mit einem tief purpurnen, fast schwarzen Schein. Er weiß, ich werde daran arbeiten und wenn ich mich entwickle, werde ich andere Farben sehen und sofort wissen, was sie bedeuten. Oder auch ein Buch. Ein Buch, von dem ich dann weiß, daß ich es lesen muß. Jemand wird mir die Bedeutung des Buchs erklären. Das Wichtigste ist, Menschen zu mißtrauen, die von einer Wolke umgeben sind. Das soll nicht bedeuten, daß man nicht mit ihnen verkehren kann. Man kennt aber seine Grenzen in bezug auf sie.

Er sagt mir, ich werde diese Dinge erfahren, ohne mit ihnen in Verbindung zu stehen, ich werde sie einfach wissen und fühlen. Er sagt, Menschen, die eher sanft sind, sind von weichem Glanz, weichen Farben umgeben. Der Schein, der sie umgibt, ist leicht erkennbar, und die Farbe ist weich.

Mein Scotchterrier liegt zusammengerollt in den Armen meiner Bärin. Sie sagt, mach dir keine Sorgen um den Scotchterrier, es wird ihm gut gehen. Sie fährt fort: »Es wäre gut, wenn du von Zeit zu Zeit nach ihm sehen würdest, doch er muß lernen, daß wir hier sind, wir alle, und wir alle dein Ich sind.«

Es wird Zeit, einen Kreis zu bilden, einen Energiekreis. Wir alle bilden den Kreis. Der Scotchterrier befindet sich in der Mitte des Kreises. Und ich erhalte mein Schwert. Ich berühre den Kopf meines Leoparden, und mein Schwert berührt den

Scotchterrier, den meine Energie umfließt, und er verschwindet in meinem Schwert.

Ich sehe eine Energieschein, der uns alle umgibt, und mein Schwert befindet sich in der Mitte des Kreises, berührt die Mitte des Kreises. Sie verschwinden in mir, in meinem Schwert, in mich hinein. Als mein Leopard sich dem Schwert nähert, versichert er mir, er werde immer hier sein, ich werde immer mein doppelschneidiges Schwert besitzen. Und ich müsse nur auf mich selbst sehen, um bei ihnen zu sein, bei ihnen allen oder jedem einzelnen von ihnen.

Sie sind jetzt gegangen, und ich betrachte den Wald, den ich geschaffen habe. Wo ich auch hinschaue, entdecke ich, daß er voller Kraft ist und nichts Unheimliches mehr hat. Er strotzt vor Kraft. Alles wächst und gedeiht, alles ist grün und prächtig.

Da ist ein Haus. Und ich gehe durch die Tür des Hauses. Das Haus hat lauter Wände aus Gold, und ... es sieht aus wie ein Königschloß. Das ist *mein* Schloß. Das ist meine Welt, und ich kann hier alles bekommen, was ich will. Wenn ich die Tür meines Hauses öffne, sehe ich die ganze Welt, auch das Häßliche und Schöne daran.

Nun muß ich gehen.«

Sue öffnete langsam die Augen. »Meine Welt ist jetzt wirklich ein wunderschöner Ort.«

»Ja, sehr prächtig,« erwiderte ich.

»Ja, tatsächlich. Ich würde mich freuen, wenn ich ein Bild malen könnte, um Ihnen die ganze Schönheit vorzuführen.«

»Weshalb versuchen Sie es nicht einfach?« schlug ich vor.

»Ja, warum eigentlich nicht?«

15

Der Werdegang

Die Veränderungen, die sich an Sue vollzogen, waren deutlich an ihrem Äußeren sichtbar, die Art wie sie sich gab, der Aufmerksamkeit, die sie ihrer Kleidung und Frisur schenkte, ihren gelösten Gesichtszügen und ihrem entspannten Körper, der Ruhe und Ausgewogenheit ihrer Bewegungen. Sie veränderte sich auch gefühlsmäßig, war nicht mehr so übervorsichtig, konnte sich und andere jetzt besser akzeptieren, betrachtete die Welt aus einer großzügigeren Perspektive und gewann ein tiefes Vertrauen zu dem Sinn der Ereignisse in ihrem Leben. Man könnte sagen, daß sie jetzt ganz mühelos und natürlich in ein reifes, erfülltes Leben eintrat. Es stellte sich jedoch die Frage, weshalb dies nicht schon früher geschehen ist, ganz von selbst und in seinem eigenen Tempo.

Wenn wir ihre Erlebnisse im Laufe der Therapie verfolgen, können wir nachvollziehen, wie ihr Gefühl und ihre Geisteshaltung in bezug auf verschiedene Ereignisse in ihrem Leben förmlich zu Eis erstarrt sind, eine Kristallisierung ihrer Lebensenergie im Hinblick auf die Erfahrung durch bestimmte Ereignisse. Wir fühlen, wie die Tiere ihr Interesse wecken, diese Energie zu akzeptieren und die Art von Verhältnis dazu zu entwickeln, die es ermöglichen würde, daß diese Energie schmilzt und in das Energiepotential einfließt, das für ihr jetziges Leben zur Verfügung steht, und zwar in vollständiger Erfahrung und Reaktion auf die *aktuellen* Ereignisse und nicht die der Vergangenheit. Wir können fühlen, wie die Tiere in ihrer Beziehung zueinander ihr dabei helfen, ihre Aufmerksamkeit zu konzentrieren und zu lenken, so daß sich ihre eigenen Fähigkeiten voll entfalten können, die ihrem Denken erlauben, viel natürlicher zu sein, anstatt mechanisch abzulaufen. Dadurch werden ihre Beziehungen zu anderen weniger abhängig, sondern mitfühlender, und nachdem sich erst einmal die kristallisierte Energie aufgelöst hat, traut sie ihren Gefühlen als der richtigen Wahrnehmung unmittelbarer aktueller Ereignisse, anstatt sie als bloße Wiedergabe ähnlicher Ereignisse in der Vergangenheit anzusehen.

Und es gelang ihr, auch wenn es in unserer Gesellschaft viel zu selten vorkommt und verboten ist, die Fülle ihrer Kraft zu erfahren, sie zu würdigen, zu lieben und zu respektieren, nicht aus der Erstarrung des Willens und Verlangens, sondern aus dem Fluß der Unterstützung und Pflege der Gefühle. Sie wurde die Frau, die sie von jeher hätte sein sollen: eine Frau mit wirklicher Größe und wahrer Persönlichkeit, eine Frau, die wußte, nicht, weil man es ihr beigebracht hatte, sondern weil sie sich entwickelt hatte; die wußte, nicht weil sie andere nachgeahmt hatte, sondern weil sie den Wert ihrer eigenen Erfahrung anerkannte. Sie war eine Frau, der es gelungen war, sie selbst zu sein.

Meine Arbeit mit Sue fand in 15 Sitzungen statt, eine bemerkenswert kurze Zeit, wenn man bedenkt, daß sie eigentlich schon die konventionellen Therapien aufgegeben hatte, die sie in unzähligen Variationen erlebt hatte. Schon bald nach Beginn unserer Therapie sagte sie mir, sie sei erstaunt, daß sich die Veränderungen so mühelos vollzogen, da jede vorangegangene Therapie enorme Anstrengungen zu erfordern schien und wenig Veränderung bewirkte. Offensichtlich wurden in ihren vorherigen Therapien die Grundprobleme ihrer Schwierigkeiten nicht ausreichend behandelt. Doch die Tiere befaßten sich sofort mit diesen Problemen, ohne daß ich mir dessen bewußt war, noch bevor ich von ihrer Existenz wußte.

Es sollte auch anerkannt werden, daß ein wesentliches Element von Sues erstaunlicher Veränderung ihr inniger und ehrlicher Wunsch war, sich zu entwickeln, die Ernsthaftigkeit ihres Engagements und ihre Aufmerksamkeit.

Meine Interaktion mit Sue während unserer Sitzungen war minimal, vor allem während der letzten Sitzungen. Ich redete wenig. Meine Hauptaufgabe bestand darin, Sue zu helfen, sich zu entspannen und Kontakt mit den Tieren aufzunehmen. Von diesem Punkt an, nahmen Sue und die Tiere die Angelegenheit in die Hand. Es bestand keine Notwendigkeit für mich, viel zu sagen, da Sue auf ihre Visualisierung wunderbar reagierte und große Achtung vor ihren Tieren hatte. Zwischen uns bestand ein großes Vertrauensverhältnis, das meine Arbeit erleichterte. Doch dies trifft nicht auf jeden Patienten zu.

Obwohl die bisher zitierten Beispiele implizierten, daß sich die Veränderung und die Entwicklung durch die Arbeit mit Tieren rasch und wirkungsvoll vollziehen, ist dies nicht immer der Fall. Es gibt viele Abweichungen, und manchmal erfordert das, was gelernt und entwickelt werden muß, viel Zeit.

Ich erinnere mich gut an meine erste Sitzung mit Janet, mit der ich vier Jahre gearbeitet habe. Ihr Scheitel-Tier ist ein großer weiblicher Adler. Bei dieser ersten Begegnung nahm der Adler Janet sofort in seine Krallen, trug sie zu seinem Horst und setzte sie zwischen die drei Eier, die hier bereits lagen. Dann setzte sich der Adler auf den Horst. Janet, dann im Dunkeln, versuchte herauszukommen, doch der Adler rührte sich nicht von der Stelle. Fast zwei Stunden lang versuchte sie es, bis sie schließlich akzeptierte, in der Dunkelheit im Nest zu sein. In diesem Augenblick flog der Adler hoch und erlaubte ihr zu gehen. Die Sitzung war beendet.

In der Folge erlebten wir zahlreiche Sitzungen, die eine ähnliche Funktion hatten, aber anders aufgebaut waren: Janet wurde in eine Lage versetzt, aus der sie sich anfangs befreien wollte. Sie mußte lernen, darin zu verharren. Viel später führten sie die Tiere in ihre Kindheit zurück, als ihre Mutter sie im Hinterhof ihres Hauses mit einer Gerte traktierte. Das Kind geriet in Panik, glaubte, es werde getötet, hatte das zwingende Bedürfnis, zu fliehen. Ihre Tiere waren großartig zu ihr, waren voller Mitgefühl, erkannten, was geschah und halfen der Kleinen, den Schmerz zu ertragen und in ihrem Körper verharren zu können, in ihrer Erfahrung, anstatt das Weite zu suchen. Erst danach verwandelte sich ihr Solarplexus-Tier, ein schlafendes Kätzchen, in eine große Löwin.

Obwohl die Zeitdauer, die für die Heilung und Entwicklung erforderlich ist, bei jedem anders ist, was unsere Unterschiede aufzeigt, arbeiten die Tiere effizient und liebevoll. Sie drängen uns nie zu etwas, wofür wir nicht bereit sind, auch wenn wir nicht *willens* sein mögen, uns dem Sachverhalt zu stellen. Die

Tiere bestimmen den Rhythmus der Entwicklung und der Heilung auf natürliche Weise, eher als auf intellektuelle oder mechanische. Sie bringen uns in Erfahrungen hinein, so daß die früheren Erfahrungen die Basis für spätere bilden, und folglich ist die Entwicklung gründlich und sicher.

Bei meiner Therapie mache ich die Patienten als erstes mit den Tieren bekannt. Aber im allgemeinen ist es erforderlich, sie zuerst in einen Zustand der Entspannung zu versetzen. Oder, wie ich das lieber umschreibe, ich nehme ihre Aufmerksamkeit auf und helfe ihnen behutsam, sie zu verlagern. Wir wurden alle gründlich darauf trainiert, unsere Aufmerksamkeit auf unser Denken einzustellen, so daß die meisten Menschen Hilfe dabei brauchen, um ihre Aufmerksamkeit vom Denken abzulenken, um sich ihres Atmens und allgemeinen Körpergefühls bewußt werden zu können und letztlich ihrer Visualisierung. Wir glauben vielleicht, daß Entspannung bedeutet, daß wir Anweisungen an unsere Muskeln geben, doch das ist nur Denken, das an Kontrolle festhält. Die Muskeln selbst reagieren auf Entspannung ganz natürlich, wenn wir uns auf sie konzentrieren. Von diesem Punkt aus ist es ziemlich einfach, die Aufmerksamkeit vom Körpergefühl auf die Visualisierung zu lenken. Man mag dies als Zustand der Trance bezeichnen, doch es bedeutet einfach nur, daß man das Fenster der Visualisierung beachtet.

Ich sage dann zu jemandem, der bereits in der Visualisierung geübt ist, lediglich: »Konzentrieren Sie sich auf Ihre Stirn (oder Kehle, Ihr Herz, Ihren Solarplexus, Ihren Leib, Ihr Becken, Ihren Scheitel) und erlauben Sie einem Tier, in Erscheinung zu treten.«

Jemanden, der noch keine Erfahrung in Visualisierung unter Anleitung hat, führe ich zuerst zur Visualisierung eines Samens und erlaube ihm, daß sich sein Verhältnis zur Visualisierung langsam und ganz natürlich entwickelt und damit der Weg für eine komplexere Visualisierung und Interaktion geebnet wird. Ich bitte ihn, seine Visualisierung zu beobachten und sie gewähren zu lassen, während ich rede. Die Visualisierung weiß, weshalb sie vorhanden ist und was sie zu tun hat, und unsere Aufgabe besteht darin, sie zu beobachten, daraus zu lernen und uns folglich zu entwickeln. Ich schlage dann vor, der Patient solle sich vorstellen, er sei ein Samen in der Erde, der schon lange hier wartet, wie nur ein Samen warten kann, viele Winter hindurch. Eines Tages wird dann die Sonne wärmer, und ein warmer, sanfter Regen fällt und durchdringt die Erde und macht sie weich. Und der Samen, der hier so geduldig gewartet hat, saugt den Regen auf und fängt an zu keimen. Er wächst gleichzeitig in zwei Richtungen und sendet kleine Wurzeln aus, die sich aus der Erde die Nährstoffe holen, die für weiteres Wachstum erforderlich und gleichzeitig für die Verwurzelung in der Erde unerläßlich sind. Und er wächst nach oben, durchbricht die Erdoberfläche und ist zum ersten Mal dem warmen Sonnenlicht ausgesetzt. Damit sich die Pflanze weiterentwickeln kann, schlage ich dann vor, daß der Patient mit dieser Pflanze, oder diesem Baum oder dieser Blume interagiert, und sie fragt, was sie ihm zu sagen habe, was sie von ihm für sein weiteres Wachstum benötige, ob sie ihm helfe, sich weiterzuentwickeln. Diese Erfahrung als solche kann sehr beeindruckend und dynamisch sein. Gelegentlich zeigt sich der Baum oder die Pflanze, die wuchs, in der Visualisierung mit den Chakra-Tieren.

Danach bitte ich den Patienten, sich auf die verschiedenen Chakra-Regionen zu konzentrieren und zwar eine nach der anderen und die jeweiligen Gefühle zu erfahren, die dort sind und dann einem Tier zu erlauben, aus dieser Region aufzutauchen, während er alles beobachtet. Gute Kommunikation ist in dieser Zeit sehr wichtig, da manchmal etwas anderes als ein Tier auftaucht, und damit muß er arbeiten. Was auch immer für ein Bild in Erscheinung treten mag, es ist das richtige, und der Patient muß darüber informiert werden. Manchmal taucht eine Person auf, oder eine Blume, ein Stern, ein Felsen oder dergleichen.

Bei folgenden Gelegenheiten schlage ich dem Patienten lediglich vor, er solle mit seinem speziellen Tier in Verbindung treten und dieses entweder beim Namen des Tiers nennen oder in bezug auf die Lokalisierung des Chakras selbst (Grund-Tier, Bauch-Tier etc.). Wenn die Versammlung der Tiere schon zu einem früheren Zeitpunkt zusammengetreten ist, eröffne ich die Sitzung, indem ich dem Patienten vorschlage, er solle seine Tiere aufsuchen, wo auch immer sich diese befinden mögen und mir berichten, welches Tier ihm als erstes begegnet. Dies ermöglicht es den Tieren, in der Reihenfolge zu erscheinen, die ihnen bei dieser Gelegenheit am passendsten erscheint. Natürlich geht jeder Sitzung eine Hinführung zur Entspannung voraus.

Patienten, die bereits viel für ihre Entwicklung getan haben, die sich vorher bereits Therapien unterzogen haben, die künstlerisch oder phantasievoll veranlagt sind oder die sehr begierig sind, sich zu entwickeln, sind im allgemeinen sofort in der Lage, die Bedeutung der Tiere in ihrem Leben zu erkennen.

Manchmal ist die erste Begegnung sehr tiefempfunden und die Tiere sagen etwas ähnliches wie: »Endlich hast du mich aufgesucht. Ich habe so lange auf dich gewartet.«

Doch manchmal können die Tiere verächtlich, feindlich, gekränkt, wütend, verletzt, festgehalten, angebunden oder eingesperrt sein. In diesem Fall besteht meine Aufgabe darin, dem Patienten zu helfen, eine Heil-Beziehung mit den Tieren aufzubauen und zu lernen, diese mit Achtung zu behandeln und zu erkunden, weshalb sich das Tier in dieser Lage befindet und was getan werden muß, damit es frei und gesund wird. Manchmal erfordert die Heilung dieser Beziehung eine persönliche Erfahrung zwischen dem Tier und dem Patienten und manchmal muß die ganze Tierversammlung mit einbezogen werden. In beiden Fällen muß gewährleistet sein, daß sich die Kränkung nicht verschlimmert oder fortgesetzt wird.

Die Grundmethode, die Entwicklung der Beziehung zwischen den Patienten und den Tieren zu fördern, besteht darin, ihnen zu helfen, sich besser kennenzulernen, anfangs durch den Dialog und die Interaktion, wobei ich vorschlage, daß der Patient das Tier fragt, was es ihm zu sagen habe und ob es etwas brauche und ob der Patient etwas für das Tier tun könne. Ich ermutige den Patienten, sofort zu besorgen, was das Tier benötigt und nicht zu versuchen, dies zu deuten.

Es ist in Ordnung, es abstrakt zu verstehen, aber es ist auch wichtig, daß das Tier in seiner unmittelbarsten Existenz erfaßt wird, nicht nur als Vermittler einer Botschaft. Wenn man das

Tier nur so behandelt, als stelle es eine Metapher für andere Aspekte des Lebens dar, übersieht man die Tatsache, daß es im Mittelpunkt der Verbindung zu diesen Lebensbereichen steht. Die direkte Beziehung zu dem Tier ist der Ausgangspunkt für den Beginn der Veränderungen an sich selbst und die Achtung vor dem eigenen Ich in seiner Gesamtheit, die erzielt werden muß. Diese direkte Beziehung bewirkt eine erstaunliche Heilung, und es ist eindeutig erkennbar, daß die meisten Leute viele Jahre bestimmte Aspekte von sich selbst vernachlässigt haben. Gelegentlich ist bereits dieser erste Kontakt ausreichend, um eine Veränderung beim Tier und dem Patienten einzuleiten.

Ein weiterer Schritt, den ich bei einer späteren Sitzung tue, besteht darin, den Patienten dazu zu bringen, das Tier selbst zu werden. Doch dies sollte mit Zustimmung des Tiers und des Patienten erfolgen. Man sollte nie an das Tier Forderungen stellen oder es bedrängen, denn dies stellt häufig eine Fortsetzung unserer erlebten Behandlung als Kinder dar. Wenn wir es lernen, das Tier zu respektieren, lernen wir wieder, uns selbst zu achten. Fast immer erlaubt ein Tier dem Patienten, sich in es zu verwandeln, und der Patient weigert sich selten, ein bestimmtes Tier zu werden. Doch es gibt einige Situationen, in denen es nicht ratsam ist, daß der Patient sich in das Tier verwandelt, und es muß darauf vertraut werden, daß beide, der Patient und das Tier, diese Umstände kennen.

Wenn der Patient sich in das Tier verwandelt, scheint dies das Verständnis des Patienten zu vertiefen. Ich initiiere dies, indem ich den Patienten auffordere, in die Haut des Tieres zu schlüpfen und dessen Eigenschaften anzunehmen, durch seine Augen zu sehen, durch seine Ohren zu hören, durch seine Nase zu atmen und zu riechen, durch seine Haut zu fühlen, seine Gefühle, Verhaltensweisen, Gedanken und Interessen nachzuvollziehen. Ich bitte den Patienten, nachzuempfinden, wie das Tier sich bewegt, rennt, fliegt und ruht; seine Kraft und sein Verhältnis zu seiner Umwelt nachzuvollziehen. Der Patient muß mir dann berichten, was ihm dabei am meisten aufgefallen ist.

Dabei erfährt der Patient oft viel stärker seine *Dynamik*, und man kann die erhöhte Energiezufuhr spüren, oder eine bessere Durchblutung des Teints erkennen oder ein starkes Gefühl erleben. Der Patient gewinnt Einsicht darüber, wie selbständig und individuell die Tiere sind und wie klar umrissen ihr Leben ist: sie sind so, wie sie sind, ohne Wenn und Aber und nicht ohne Sinn für Humor. Ein Patient sagte einmal zu mir: »Sie wirken menschlicher als die meisten Menschen.«

Durch diese persönliche Erfahrung mit den Tieren gewinne ich einen guten Überblick über die Dynamik des Individuums. Mit welchen Elementen des Tieres konnte sich der Patient am stärksten identifizieren? Welches der Tiere ähnelt dem Patienten am stärksten und welches liegt ihm am wenigsten? Welche Tiere sind eingeschränkt und welche haben sich am stärksten entwickelt?

Bei einem Patienten war das Herz-Tier eine Ratte. Er war darüber entsetzt und sagte: »Ich hasse Ratten. Als ich noch ein Junge war, pflegte mein Vater sie zu töten.« Die Ratte war dünn und hungrig; sie bat um Futter, doch er verweigerte es ihr. Aber seltsamerweise war er bereit, sich in diese Ratte zu verwandeln. Als er sich in die Ratte verwandelte, erkannte er einige ihrer Eigenschaften: daß sie ein Überlebenskünstler war, wenn sie in die Enge getrieben wurde, wie wild ums Überleben kämpfte, aber nie absichtlich jemanden kränkte. Dies vermittelte ihm einen ganz neuen Eindruck über die Vergangenheit und das Wesen seiner Ratte, und er fing an, sie höher einzuschätzen und war jetzt auch bereit, sie zu füttern und zu pflegen.

Wenn sich die Einstellung des Patienten zu den Tieren verändert, verändert sich das Tier selbst. Vielleicht wird es größer, gesund, stärker, klüger oder selbständiger. Oder es verwandelt sich in ein völlig anderes Tier. Und wenn sich das Tier verändert, verändert sich der Patient.

Am schwierigsten gestaltet sich meine Arbeit mit Patienten, die sich in den Ablauf ihrer eigenen Entwicklung einmischen oder stören. Ihre Einmischung besteht im allgemeinen in dem, was unsere Zivilisation uns lehrt – die Visualisierungs-Methode zu negieren, herunterzusetzen oder unbeachtet zu lassen. »Es entspringt nur meiner Fantasie«, »Achte nicht darauf, es ist nur ein Traum«, »Ist das wirklich oder stellst du dir das nur vor?«. Die Patienten begreifen nicht, daß sie damit sich selbst ablehnen, heruntersetzen und mißachten. Manchmal ist es genau das, was die Einmischung voraussetzt. »Ich mag mich nicht! Ich mache immer Fehler! Ich mache nie das Richtige!« Dieses Negieren scheint die logische Folge der eigenen angenommenen Identität zu sein, ob negativ oder positiv, und dadurch verleugnet der Patient seine ganze Fülle, die Vollkommenheit, den Reichtum und die Kreativität, die eigentlich sein natürliches Ich darstellen.

Eine andere Möglichkeit, in den Verlauf einzugreifen, besteht darin, daß die Tiere nur als Metaphern angesehen werden, d. h. lediglich ihre Bedeutung berücksichtigt wird. Damit werden die Tiere nur gewürdigt, wenn sie dieser Vorstellung entsprechen. Solche Menschen sind viel mehr damit beschäftigt, über sich nachzudenken oder zu versuchen, sich zu verstehen als sich selbst zu leben. Die Visualisierung ist eine einmalige Dimension unseres wahren Ichs, und wir müssen ein vollkommenes Verhältnis dazu finden. Dadurch entwickeln wir ein intensives Verhältnis zu uns selbst.

Wir können den Einmischungs-Vorgang am besten erkennen, wenn er bizarr ist oder aus dem Rahmen fällt, wie zum Beispiel im Fall des unter Wahnvorstellungen leidenden Patienten. Aber uns ist es bezeichnenderweise nicht gelungen, die destruktive Einmischung als solche zu erkennen, wenn sie den Charakter von Logik und Vernunft annimmt. Menschen, die diese Methode der Einmischung anwenden und im allgemeinen auch die ihrer Umgebung, sind sich dieser Einmischung in bezug auf ihren eigenen Werdegang nicht bewußt, da dies auf logische Weise geschieht. Sie haben im allgemeinen das Gefühl, daß einzig die Ereignisse, die von Logik bestimmt sind, Gültigkeit haben. Anfangs erweist sich die Arbeit mit solchen Leuten als ziemlich mühselig, da sie es gewohnt sind, auf alles mit Logik zu reagieren, statt zu beobachten und sich zu erlauben, zu lernen und sich zu entwickeln. Ihr angelerntes Bedürfnis, alles logisch zu sehen und nicht die Gesamtheit, ist als solches ein destruktives Element.

Das sind alles Probleme des Bewußtseins. Der Patient ist nicht in der Lage, den Sinn dieses Bewußtseins aufzunehmen, ohne sofort seine Kommentare darüber abzugeben, zu kritisieren, sich ablehnend zu verhalten oder in irgendeiner Weise darauf zu reagieren. Diese störende Reaktion ist das Grundproblem. Manchmal ist der Vorgang der Selbsteinmischung so beherrschend, daß der Patient sich nicht die nötige Zeit gibt, um diese zu beheben, bevor er die Therapie unterbricht, was jedoch dringend erforderlich wäre.

Manchmal kann die Einmischung dadurch überwunden werden, indem man den Einmischungs-Vorgang direkt anspricht, ihm gegenüber seine Wertschätzung für seine offensichtlich positiven Eigenschaften zum Ausdruck bringt, für seine Nützlichkeit für das Überleben des Individuums in diesem speziellen Kulturkreis oder für sein Engagement, dem Individuum zu helfen. Der Patient muß dem Einmischungs-Vorgang zu verstehen geben, daß im Augenblick etwas Höheres, anderes erreicht werden muß, am wichtigsten ist jetzt erst einmal die Entwicklung hin zur ursprünglichen Ganzheit, nicht nur die Erfüllung der Forderungen, die durch das Überleben in einer speziellen familiären, gesellschaftlichen oder pädagogischen Rolle auferlegt sind und daß Hilfe in dieser neuen Richtung erforderlich ist.

Eine einfache einleitende Form der Hilfe, die vom Einmischungs-Vorgang verlangt werden kann, besteht darin, daß er beginnt, sich die Frage zu stellen: »Wie kann dies zu meiner bzw. deiner Entwicklung beitragen?«, insbesondere in schwierigen Situationen. Diese Frage zu stellen, ist vielleicht eine der wichtigsten Handlungen, die der Einmischungs-Vorgang erlernen kann. Selbst wenn ein scheinbar schreckliches Ereignis eingetreten ist, bewirkt diese Frage, daß sich das Individuum darauf konzentriert und eine Entwicklung durchläuft, und aus diesem Ereignis, was auch immer für einen positiven Aspekt es gehabt haben mag, für die eigene Entwicklung profitiert, und es somit als Stufe in der eigenen Entwicklung betrachtet.

Aber damit dies wirksam sei, müssen wir wissen, wie wir mit Fragen umgehen. Viele von uns haben gelernt, sofort eine Antwort parat zu haben, wenn eine Frage gestellt wurde, und ich habe Menschen kennengelernt, die Fragen als hemmendes Element benutzen, wenn sie Fragen stellen, wie z. B., »Wozu soll das gut sein?« oder »Wie kann ich wissen, ob das gut ist?«, so daß die Frage von vornherein potentielle Entwicklungsrichtungen unterbindet. Die natürliche Funktion einer Frage besteht darin, Möglichkeiten aufzuzeigen. Man stelle die Frage und lasse dann genug Spielraum, damit die Antworten ganz von selbst kommen können. Versuchen Sie nicht, eine Antwort zu forcieren. Erlauben Sie, daß die Frage eine echte Suche darstellt.

Vielen von uns wurde beigebracht, daß der denkende Intellekt alles lösen soll. Doch wenn der Intellekt diese Verantwortung übernimmt, muß er zwangsläufig schrecklich frustriert werden, da er Dinge versucht, die nicht in seinen Bereich gehören. Eines Nachmittags suchte mich ein Mann auf, der sich in einer schrecklichen Verfassung befand. Seit zwei Wochen litt er unter ständigen Kopfschmerzen. Als ich ihn fragte, was vor zwei Wochen passiert war, sagte er, seine Frau habe ihn zu dem Zeitpunkt verlassen und die beiden Kinder mitgenommen. Sie lebe jetzt bei ihrer Mutter. Er wisse nicht, wie es weitergehen solle. Als erstes versuchte ich, Kontakt mit seinem Herz-Tier aufzunehmen, da ich vermutete, daß hier die stärkste Erregung herrschte. Überrascht stellte ich fest, daß sein Herz-Tier ein Reh war, das seelenruhig in einem Wald äste. So trat ich also mit seinem Kraft-Tier in Kontakt. Es war ruhig und gelassen, und jedes weitere Tier war ruhig und ungezwungen, bis wir zu seinem Kopf-Tier kamen. Dieses war ein Tintenfisch und seine Fangarme schmerzten, da sie in dem Versuch, alles zusammenzuhalten, bis aufs äußerste gedehnt wurden. Wir erklärten ihm, daß er nicht alles alleine tun müsse und lobten ihn, weil er bereit war, eine so ungeheure Aufgabe zu übernehmen. Wir fragten ihn dann, ob er bereit sei, den anderen Tieren zu erlauben, ihm dabei zu helfen, und mit großer Erleichterung stimmte er zu. Die anderen Tiere traten bereitwillig in Erscheinung, und der Tintenfisch ließ los, was er krampfhaft festzuhalten versuchte, und die Kopfschmerzen des Patienten waren auf der Stelle behoben.

Manchmal kann dem Einmischungsvorgang gezeigt werden, wie er sich selbst beschränkt. Als bei einem Patienten zwei seiner Tiere miteinander verschmolzen, verwandelten sie sich in ein Ei. Die Schale des Eis war sehr fest, und konnte nicht aufgebrochen werden. Als die Sitzung zu Ende war, erklärte mir der Patient, daß er sich bewußt sei, daß er gerade die Visualisierung selbst geschaffen habe und diese deshalb wertlos sei. Ich machte ihn darauf aufmerksam, warum er, wenn dies der Fall sei, dann das Ei nicht habe öffnen können? Darauf wußte er nichts zu antworten. Als er eine Woche später zur nächsten Sitzung kam, erklärte er mir, meine Äußerung habe ihn erkennen lassen, wie sehr er die Visualisierung abwerte, ebenso eigene Gefühle, die nicht mit der Logik zu erklären sind. Dieses Mal war er viel aufgeschlossener für eine Fortsetzung der Visualisierungen. Als das Ei schließlich aufsprang, was erst nach ein paar weiteren Sitzungen geschah, saß ein zweijähriger verängstigter Junge in dem Ei – dies war der Patient selbst.

Manchmal dehnt sich die Selbst-Einmischung bis zum Beginn der Visualisierung aus. Ich hatte verschiedene Patienten, die behaupteten, sie hätten keine Visualisierung, doch bei näherer Betrachtung stellte sich heraus, daß die Visualisierung wohl vorhanden war, aber schnell verworfen wurde, bevor sie sich voll entfalten konnte. Wenn zum Beispiel ein Patient erst nur das Ohr eines Tieres sieht und es geringschätzt, da es nicht das ganze Tier ist. Eine Patientin hatte die Kraft, dies zu überwinden und zu unserer Überraschung zeigte sich ihre Visualisierung plötzlich farbig.

Es ist interessant, daß sich der Selbst-Einmischungsvorgang häufig bei der Visualisierung selbst zeigt, wenn diese sich voll entfalten konnte: ein zerstörungswütiger Teenager, der hereinplatzt und die vorhandene Visualisierung in ein Chaos verwandelt, ein blutiges Messer, das plötzlich auftaucht und ein Gehirn in zwei Hälften teilt, eine geisterhafte Stimme, die sich an wichtigen Stellen über die Bedeutungslosigkeit der derzeitigen Visualisierung äußert. Diese Vorgänge der Selbst-Einmischung haben im allgemeinen ihren Ursprung in der Person selbst, die als Kind von jemandem ernsthaft bedrängt wurde, und diese Vorgänge haben sich entwickelt als eine Möglichkeit, den Schmerz dieses ursprünglichen Erlebnisses abzuwehren.

Die natürliche und ursprüngliche Orientierung der Tiere und uns selbst ist darauf ausgerichtet, eine harmonische gegenseitige Beziehung zu unterhalten und während einer Sitzung bin ich vor allem mit dieser Energie verbunden, wobei ich erkenne, daß der Vorgang der Selbst-Einmischung eine oberflächliche Variation repräsentiert, die gewöhnlich in einer früheren, einschränkenden Umgebung als eine Überlebenshilfe entstand. Die Selbst-Einmischung wurde gelernt und wird weiterhin als eine allgemeine Überlebensreaktion angewandt, nur, daß sie jetzt die Entwicklung des Individuums hemmt. Die Selbsteinmischung führt zu einer Zersplitterung der verschiedenen Aspekte der Erforschung der Frage, wer wir sind und muß unbedingt geheilt werden. Was auch immer diese Zersplitterung aufrecht hält, muß dazu gebracht werden, daß es sie aus freien Stücken aufhebt, was möglich ist, wenn es erneut lernt, der Kenntnis zu vertrauen, die von der ursprünglichen Ganzheit ausgeht.

Es gibt jedoch andere Gründe, weshalb eine Visualisierung nicht erscheint: möglicherweise erfolgt die Visualisierung bei einem Individuum hauptsächlich über das Gehör oder die Kinästhesie, d. h. der Patient muß das Tier hören oder fühlen, statt es nur zu sehen. Einst arbeitete ich mit einer Patientin, die behauptete, überhaupt keine Visualisierung zu haben. Als ich gemeinsam mit ihr dies zu ergründen suchte, sagte sie mir, ihr Kopf habe noch nie richtig funktioniert, nicht einmal in der Schule habe er getan, was von ihr verlangt wurde. Als ich sie fragte, was sie gern täte, stellte sich heraus, daß sie gern mit den Händen arbeitete und daß es ihr das größte Vergnügen bereitete, die Dinge mit der Hand zu erledigen und zu fühlen. Ich konnte mir vorstellen, wenn sie hätte als Bildhauerin oder in einem Handwerk arbeiten dürfen, wäre sie sehr effizient und höchst zufrieden gewesen. Ich schlug ihr vor, sie solle ihre Tiere mit den Händen fühlen, während wir sie visualisierten. Sie befolgte meinen Rat, und sie waren sehr gegenwärtig.

Das Treffen mit den Tieren leitet die Beziehung zu uns selbst ein, aber die Einberufung des Rats der Tiere stellt den ersten großen Schritt zur Erweiterung hin zur Ganzheit dar. Für viele Menschen ist dies das erste Mal nach vielen Jahren, daß die Energien zusammenfließen. Wenn die Versammlung nicht spontan gebildet wird, bitte ich den Patienten, mit dem Scheitel-Tier Kontakt aufzunehmen und es zu fragen, ob der Zeitpunkt für eine Versammlung gut gewählt sei. Wir befolgen dann den Rat des Scheitel-Tieres. Wenn es zu verstehen gibt, daß dies nicht der richtige Zeitpunkt ist, da erst eine bestimmte Entwicklung auf einem speziellen Niveau stattfinden muß und da das Scheitel-Tier im allgemeinen in der Lage ist, sie zu lenken, nehmen wir Abstand davon. Ich schlage auch vor, daß der Patient die Frage stellen soll, ob das Scheitel-Tier dabei helfen wird, die Tiere zu versammeln. Im allgemeinen treten sie willig zusammen, doch gelegentlich weigert sich ein Tier, an der Versammlung teilzunehmen; das wird dann als eine Angelegenheit betrachtet, die in der Versammlung behandelt werden muß. Auf jeden Fall wird das entsprechende Tier nicht gezwungen, daran teilzunehmen.

Der Patient wird aufgefordert, darauf zu achten, ob sich bei der Versammlung irgendwelche Konflikte, Feindseligkeiten, Freundschaften oder Gruppen abzeichnen. Ich schlage dann vor, daß der Patient die Frage stellen soll, ob sie sich im Kreis versammeln wollen und daß er sie als Ratsversammlung anspricht. Der Patient kann nach Belieben alles zu ihnen sagen, aber es gibt bestimmte Punkte, die ich vorschlage: Er soll ihnen dafür danken, daß sie bereit sind, sich zu versammeln, und er soll seiner Hoffnung Ausdruck geben, daß sie bereit sind, jeglichen Konflikt zwischen ihnen zu lösen, ihr Unterschiedlichkeit zu akzeptieren, es zu lernen, sich gegenseitig zu unterstützen und harmonisch miteinander zu leben. Ich schlage auch vor, daß der Patient sie um ihre Hilfe bei seiner eigenen Entwicklung bittet und ihnen dafür seine Hilfe bei ihrer Entwicklung anbietet. Wenn sich nicht spontan ein Thema ergibt, schlage ich vor, daß der Patient die Tiere auffordert, untereinander zu beratschlagen und festzustellen, ob sie sich darüber einig sind, was als erstes behandelt werden soll.

Meine Aufgabe besteht jetzt darin, zu beobachten und zu gewährleisten, daß alle Tiere die Chance haben, angehört zu werden. Wenn der Patient mir berichtet, daß die Tiere meinen, ein bestimmtes Tier unter ihnen müsse sich entwickeln, bitte ich den Patienten, dieses spezielle Tier zu fragen, ob es bereit sei, sich zu entwickeln und ob es weiß, wie dies geschehen soll. Ich ziehe es vor, wenn die Tiere sich diesbezüglich so bald wie möglich äußern und ich mich nur so weit wie nötig einmische. Ich sehe meine Aufgabe darin, den Patienten dabei zu helfen, auf ihre eigene Entwicklung einzugehen und diese zuzulassen und ihr zu vertrauen.

Wenn mir während der Visualisierung der Patient etwas über das Tier berichtet, bitte ich ihn, dies gegenüber diesem bestimmten Tier zu wiederholen. Meine Funktion besteht nicht darin, daß er mit mir einen Dialog führt, sondern es lernt, mit seiner Visualisierung einen inneren Kontakt herzustellen. Schließlich besteht unser Hauptproblem darin, daß wir die Verbindung zu den verschiedenen Teilen unseres Ichs verloren haben und zwar durch Ablehnung, Distanzierung, Isolierung, Einmischung, Verdrängung und Aufsplitterung. Eine dringende Notwendigkeit ist, alle Teile unseres Ichs zusammenzufügen und mit allen Teilen offen zu kommunizieren. Auf diese Weise können unsere Handlungen von einem Mittelpunkt ausgehen, der in Kontakt und Harmonie mit unserem ganzen Ich steht.

Wir müssen auch unser Ich unterstützen und uns von diesem unterstützt fühlen, aber das darf nicht mit Kontrolle verwechselt werden. Es ist nicht so, daß ein Teil von uns die anderen kontrollieren soll (wie uns vielleicht beigebracht worden ist – unsere Gedanken und unsere Sprache und Logik müssen unter Kontrolle sein), sondern daß alle Teile offen und bereit sind, miteinander zu kommunizieren. Unser Mittelpunkt kann nur dann zentriert sein, wenn alle Teile voll gegenwärtig und ausgewogen sind. Die Arbeit mit den inneren Tieren ist der beste Weg, dies wieder zu erreichen.

Eine der schwierigsten Lektionen, die man lernen muß, besteht darin, sich herauszuhalten, wenn alles glatt läuft. Es fällt uns nicht nur schwer, dies in bezug auf uns zu lernen, sondern auch als Therapeuten, die mit Patienten arbeiten: Es fällt uns schwer, dem Patienten seine eigene Visualisierung zu erlauben, sich nicht darin einzumischen. Sie müssen genügend Freiraum haben. Wenn ein Patient über längere Zeit schweigsam ist, frage ich: »Was geschieht jetzt?« nicht in forderndem Ton, sondern auf behutsame, forschende Art. Die Aufgabe des Therapeuten besteht nicht darin, die Visualisierung zu lenken, sondern das Verhältnis zwischen dem Patienten und der Visualisierung des Patienten zu unterstützen und zu fördern.

Die Visualisierung besitzt ihre eigene Dynamik und ihren

eigenen Vollendungspunkt, den eigenen Abschluß. Sie findet selber den passenden Schluß. Allerdings gestaltet sich dies schwierig, wenn man nur fünfzig Minuten zur Verfügung hat und die Visualisierung sehr intensiv ist. Die natürliche Zeiteinheit entspricht im allgemeinen mehr dem Traumzyklus, ungefähr neunzig Minuten und, wie der Traumzyklus, variiert sie von einem Patienten zum anderen.

Keine Beschreibung in Worten kann die Lebendigkeit und Spontaneität und das direkte Engagement wiedergeben, die die Persönliche Totempfahl-Methode dem Patienten ermöglicht. Jedes Tier besitzt seine eigene unverwechselbare Persönlichkeit, und die Tiere entwickeln sich schnell, individuell und kollektiv zu einem wertvollen inneren Unterstützungsprogramm. Es gibt unter ihnen natürliche Führungspersönlichkeiten, deren Weisheit und Verständnis von den anderen stillschweigend honoriert werden. Während die Tiere ihre eigene Entwicklung durchmachen und sich verändern, kann sich auch die Führung auf ein anderes Tier verschieben. Ich habe verschiedene Situationen erlebt, in denen zu Beginn der Arbeit ein Tier versuchte, die anderen zu beherrschen, aber die anderen darauf reagiert haben, als sei dies ein unreifes Verhalten, und das Tier war dann schnell bereit sich weiterzuentwickeln und dieses Bedürfnis zu herrschen, zu überwinden. Auch wenn anfangs zwischen einigen Tieren Feindseligkeit herrschen mag, entsteht zwischen ihnen Zusammenarbeit, Achtung, Vertrauen und Hilfsbereitschaft, wenn sie einander kennenlernen und gemeinsame Aufgaben in Angriff nehmen.

Die Persönliche Totempfahl-Methode ist auch insofern wertvoll, da sie die Stagnation der Intellektualisierung ausschließt und nicht auf der Erklärung, der Aufrechnung oder der Detailbeschreibung beruht. Eine Patientin, die bereits mehrere andere Therapeuten aufgesucht hatte, war schockiert, als ich ihr sagte, daß keine Notwendigkeit bestehe, ihre Probleme bis ins kleinste Detail vor mir auszubreiten, worin sie offensichtlich geübt war. Die Persönliche Totempfahl-Methode umgeht auch das Abwehrsystem des eigenen Ego, da nichts von außen auf das Ego des Patienten eingebracht wird. Statt dessen ist es so, als ob das Ego andere Elemente des Ichs des Patienten einsetze. Es ist jedoch wesentlich, daß der Patient gewillt ist zuzulassen, daß sich die Visualisierung voll entfaltet, statt den Versuch zu machen, sie zu kontrollieren.

Der Umstand, die Visualisierung zu erlauben, ist ein Punkt, der ernsthafte Aufmerksamkeit erfordert. Viele bekannte Bücher über die Visualisierung handeln von der was ich als »konservierte« Visualisierung bezeichne; man stellt sich vor, daß die Wünsche bereits erfüllt sind und konzentriert sich auf diese Vorstellung. Dadurch soll die Visualisierung unter die Kontrolle des Ego gebracht werden, und meiner Erfahrung nach stellen sich kaum wesentliche Veränderungen ein. Andererseits helfen in der Visualisierung, die erlaubt ist, die ich als »intensive« Visualisierung bezeichne, Elemente, die über das Ego hinausgehen, dem Ich dabei, über seine Grenzen hinauszuwachsen, in diese Wechselbeziehung mit dem Sein vom Standpunkt des Seins und nicht vom Standpunkt des Ichs.

Diese Methode erlaubt nicht nur die Förderung der Entwicklung und der Ausgewogenheit, sondern auch eine zeitliche Kontinuität, die eine laufende Bewertung des Zustands des Patienten ermöglicht. Ich hatte Patienten, die in ihrer eigenen Arbeit der Weiterentwicklung sehr weit fortgeschritten waren, die fasziniert davon waren, nicht nur ihre eigene Lage betrachten zu können, sondern auch auf die Gebiete hingewiesen zu werden, auf denen noch weitere Arbeit erforderlich war. Die Persönliche Totempfahl-Methode dient dem Therapeuten auch als wertvolle Hilfsquelle, die Angemessenheit seiner Einmischung zu beurteilen und das richtige Tempo der Therapie zu ermessen. Gleichzeitig bedeutet sie auch Unterstützung der Kräfte des Patienten und Konzentration auf die Schwierigkeiten.

Obwohl die ästhetische Einfachheit dieser Methode den Eindruck erweckt, daß sie sehr populär werden könnte, ist es von großer Bedeutung, daß der Therapeut sich des Patienten bewußt ist, mit Feingefühl und großem Respekt auf ihn eingeht. Statt zu versuchen, ihn in ein theoretisches Schema zu pressen – die Last der Kontrollfunktion seitens des Intellekts – muß wichtigeren Elementen vertraut werden; diese Elemente im Innern des Patienten, die wissen, wie der Samen, wo und in welchem Verhältnis die Entwicklung einsetzen muß.

Bei der ersten Sitzung mit einem Patienten schlage ich vor, er solle seine Tiere täglich kurz begrüßen, aber nicht versuchen, sie zwischen den Sitzungen zu ausgedehnten Begegnungen zu bewegen. Wenn die Tiere ganz spontan auftauchen, sollte der Patient sie grüßen und sie fragen, ob sie eine Botschaft mitgebracht haben. Später, wenn die Therapie fortgeschritten ist, können die Tiere selbst befragt werden, ob es angemessen ist, daß der Patient sie aus eigenem Antrieb aufsucht; manchmal bringen die Tiere selbst diesen Punkt zur Sprache. Doch die wichtigste Vorsichtsmaßnahme besteht darin, die Tiere immer zu respektieren.

Der Stellenwert des Respekts wurde von einer meiner ersten Patientinnen deutlich hervorgehoben. Sie visualisierte ihre Tiere zwischen unseren regulären Sitzungen, trug ihnen Bitten vor und versuchte, sie zu zwingen, diesen zu entsprechen. Bald wurden sie passiv und lethargisch, und sie selber wurde deprimiert. Sie wurden erst dann wieder aktiv, als sie sich bei ihnen entschuldigte und sie mit Respekt behandelte. Ihre Depression war auf der Stelle verflogen.

Man muß die Tiere um ihre Teilnahme bitten, darf sie nicht fordern, und sie wiederum erteilen Ratschläge, aber zwingen einem nichts auf. Der Therapeut sollte sich ebenfalls darüber im klaren sein, daß der Patient ihm Zugang zu einer inneren Welt gewährt, wo Respekt und Feinfühligkeit hochgeschätzt sind, und wo Kooperation die Grundlage der Orientierung bildet.

Die Arbeit mit Tieren hat mir mit gründlicher Genauigkeit die Einmaligkeit der Individualität jedes meiner Patienten gezeigt, mit der ich zusammengearbeitet habe. Bei dieser Methode wird klar, daß kein Mensch dem anderen gleicht. Außerdem hat es den Anschein, als ob jeder Mensch dazu erschaffen wurde, in einer natürlichen inneren Harmonie zu leben, wobei alle Elemente zusammenarbeiten und die Entwicklung erlaubt und respektiert wird. Die weitaus überwiegende Erfahrung, die ich in allen Phasen sammelte, war das Erstaunen über die beachtliche

Vielfalt der Tiere und Umstände, die sich ergeben. Bei einigen Tieren konnte ich ein paar gemeinsame Züge entdecken, die aber zwangsläufig sehr beschränkt sind.

Das Scheitel-Tier oder Geist-Tier ist häufig ein Vogel oder ein fliegendes Tier, und der Patient empfindet im allgemeinen in seiner Gegenwart tiefen Frieden. Oft verkörpert es einen hohen Grad an Weisheit und die anderen Tiere betrachten es mit Respekt. Gelegentlich spielt das Scheitel-Tier den Teil des Beobachters, überblickt die Lage, ohne direkt einzugreifen. Als zum Beispiel die Ratsversammlung der Tiere zusammentrat, berichtete ein Patient, daß das Scheitel-Tier, ein Adler, außerhalb des Kreises auf einem Ast saß. Ein anderer sagte, sein Scheitel-Tier, ein Falke, sei hoch über den Tieren geflogen, von wo aus er die anderen Tiere habe im Auge behalten können, aber aus einer besseren Perspektive. Ein dritter Patient berichtete, daß das Scheitel-Tier, eine Eule, abseits gestanden habe, als die Tiere einen Tanz begannen, beobachtete, aber nicht teilnahm. Doch eine andere Patientin hatte einen Adler als Scheitel-Tier, der hoch oben am Himmel kreiste; er sagte ihr, er fliege zu hoch und müsse herunterkommen, um näher bei den anderen Tieren zu sein. Auch wenn das Scheitel-Tier auf Distanz geht, kann es sofort und direkt eingreifen, wenn das erforderlich sein sollte.

Das Stirn-Tier erscheint anfangs in zwei Erscheinungsformen: einmal als ein Tier, das ziemlich groß gewachsen ist und leistungsfähig oder als ein unterentwickeltes oder verstecktes, schutzbedürftiges Tier. Ich glaube, beide dieser Aspekte sind die Folge unseres Erziehungssystems, bei dem das intellektuelle Lernen gepriesen wird und bei dem uns die Notwendigkeit vor Augen geführt wird, in einer Gesellschaft überleben zu müssen, bei der wir in bezug auf unsere intellektuellen Fähigkeiten hochgeschätzt oder abqualifiziert werden. Gelegentlich sind zwei Tiere anwesend: zwei Bärenjunge, ein männliches und ein weibliches; ein Wolf und ein Kojote usw. Zu Beginn schlage ich vor, daß der Patient die Frage stelle, ob sie bereit seien, miteinander zu verschmelzen. Wenn die beiden sich weigern, sind sie wohl für den Intellekt und die Intuition repräsentativ. Doch es kann auch vorkommen, daß diese Energie entgegengesetzt ist. Wenn zwei Tiere in einem einzigen Chakra erscheinen, kann dies ein Indiz für gegensätzliche Energie sein, und eine gewisse Entwicklung muß zuerst stattfinden, bevor die beiden Tiere bereit sind, zu verschmelzen.

Das Kehlkopf-Tier ist häufig das am wenigsten entwickelte Tier: eine Raupe, Schlange, Maus etc. Dies ist vermutlich das Ergebnis des Lebens in einer Kultur, die einem Kind nicht unbedingt dabei hilft, das Kommunizieren zu lernen, vielleicht aufgrund eines Mißverständnisses über die Bedeutung der Kommunikation, doch vermutlich hauptsächlich aus der Sicht der theoretischen Perspektive, daß Kinder trainiert oder geformt werden müssen, um das zu werden, was sie sind. Meiner Ansicht nach ist dies völlig falsch, und eine Orientierung, die dem Kind schadet, wenn die Schönheit seiner Subjektivität geleugnet wird. Die Aufgabe der Kommunikation besteht darin, der eigenen Erfahrung offenen Ausdruck zu verleihen: Worte, Sprache, Ausdrücke sollten allen Aspekten unserer Individualität zur Verfügung stehen, so daß jeder Teil mit Worten beschrieben werden kann. Statt dessen bringen wir dem Kind bei, sich davor fürchten zu müssen, unrecht zu haben, daß es davor Angst hat, etwas auszudrücken, da dieser Ausdruck in der Vergangenheit bestraft oder lächerlich gemacht worden ist. Deshalb sagt es nur das, was akzeptiert wird.

Bei der Verwandlung des Kehlkopf-Tiers verspürt man die verblüffende Spontaneität der Wirkung dieser Arbeit. Eine Patientin, mit einer gepreßten und verkrampften Stimme, hatte eine Maus als Kehlkopf-Tier. Sie lebte in einem kleinen Loch in der Wand. Als sie fragte, was sie benötige, sagte die Maus zu ihr, daß ihr Loch zu klein wäre und fragte, ob sie es größer machen könne. Sie konnte das Loch ausdehnen, was für die Maus viel bequemer war. Ihre Stimme wurde sofort voller und tiefer.

Das Herz-Tier tritt häufig als Löwe, Bär, Taube auf, als Symbol starken, rührenden Mitgefühls. Oder es zieht sich zurück, hat Angst, gekränkt zu werden (es wurde offensichtlich früher verletzt): ein Vogel mit einem gebrochenen Flügel, ein sensibles und scheues Reh. Das Herz-Tier spielt oft bei den Tieren eine große Rolle, ebenfalls in bezug auf die Lebensumstände des Menschen.

Das Solarplexus-Tier ist manchmal ganz prächtig, manchmal

zurückhaltend, manchmal gefürchtet und bei Frauen ist es häufig unterentwickelt. Dies ist die Konsequenz des Lebens in einer Gesellschaft, die keine klare und offene Ansicht über die Macht hat. Unsere Kultur sieht die Macht in erster Linie in Begriffen der Kontrolle, des Zwangs, der Pflicht und Beherrschung, und versteht darunter nicht die Fähigkeit, voll und ganz präsent zu sein, entschlossen und klar zu handeln. Gelegentlich äußern Frauen ihre Angst, daß sie, wenn sie ihrem Kraft-Tier erlauben, sich zu entwickeln, zu männlich würden, doch wenn die Entwicklung dann schließlich doch stattfindet, zeigt sich bei ihnen eine intensive, warmherzige, starke weiblich hegende Eigenschaft.

Das Bauch-Tier ist manchmal ein großes oder wildes Tier, das in irgendeiner Weise eingeschränkt ist, indem es in einem Käfig steckt oder sonstigen Eingrenzungen. Der Patient fürchtet sich manchmal vor seiner Freilassung, ist aber überrascht, wenn er feststellt, daß es nicht gefährlich ist, wenn es freigelassen wird und daß seine scheinbare Wildheit dazu führte, daß es eingesperrt wurde. Das Bauch-Tier ist manchmal ein Bär, der gerade seinen Winterschlaf hinter sich hat. Manchmal jedoch ist es ein Delphin, ein Symbol für Verspieltheit, Flüssigkeit, der fähig ist, tief zu tauchen oder in die Luft hochzuspringen, freundlich und hilfsbereit zu sein.

Das Bauch- oder Darm-Chakra ist die Energie des Gefühls oder der Leidenschaft. Die meisten Menschen schleppen ein großes Paket an Gefühlen mit sich herum, die verleugnet oder unterdrückt wurden, Gefühle, die, wie man sie gelehrt hatte, nicht erlaubt waren. Oft sind das Gefühle der Wut, und dieser Patient denkt: »Wenn ich diese Gefühle hochkommen lasse, tue ich etwas Zerstörerisches.« Diese Gefühle müssen nicht unbedingt ausgedrückt werden, *müssen* aber voll ausgelebt werden. Wenn man dies zuläßt, wird der Gefühlskanal gereinigt und kann seine ursprüngliche Funktion wieder aufnehmen, die darin besteht, emotionale Energie, die in diesem Augenblick vorhanden ist, zu erleben. Das Bauch-Chakra ist ein emotionales »Auge«, und wir bringen unseren Kindern meistens bei, es zu schließen.

Das Grund-Tier ist oft beträchtlich oder unangemessen entwickelt. Wenn es sich weiterentwickelt, erinnert sich der Patient an emotionale Vorfälle aus der Kindheit, die nie gelöst worden waren. Wenn es entwickelt ist, ist es im allgemeinen stark, fest oder beweglich und hat oft eine enge Beziehung zum Scheitel-Tier. Pferde und Giraffen erscheinen häufig in dieser Position.

Gelegentlich erscheint das Chakra-Bild als etwas anderes als ein Tier, obwohl die Patienten ausdrücklich gebeten wurden, ihm zu erlauben, als Tier zu erscheinen. Dies geschah beim Scheitel-Tier häufiger als bei den anderen Chakra-Tieren. Mein eigenes Scheitel-Tier war ein zylindrischer, goldener Sonnenstrahl, der manchmal die anderen Tiere anstrahlt, sie in einen goldenen Glanz hüllt. Bei einem anderen zeigte sich das Scheitel-Tier in Form eines Sternhaufens am Himmel, der fähig zur Kommunikation ist, gelenkter Erleuchtung durch einen Lichtstrahl, und durch Erzeugung von Lichtstrahlen, die aus verschiedenen Chakras des Patienten ausströmen. Bei anderen zeigte es sich als Dreieck, Lotosblüte, Engel, Jesus Christus und als Himmel. Bei einem bestimmten Patienten begann es als ein paar Zugpferde, die sich dann in zwei Geister in Menschengestalt verwandelten, einer sehr groß und der andere genauso groß wie der Patient, der sie als »Gottesgeschöpfe« bezeichnete.

Weitere nicht-tierische Elemente, die sich an den Chakra-Stellen zeigten, sind ein Diamant am Kopf-Chakra, ein Kristall in der Kehle, ein Buddha am Herzen, ein Sonnenstrahl, Eiskristalle oder das Meer am Solarplexus, ein Baum im Bauch-Chakra oder die Erde oder eine Blume in der Grund-Region. Doch es muß betont werden, daß diese nicht-tierischen Elemente nur in wenigen Fällen vorkommen.

Die Umgebung, in der sich der Rat der Tiere versammelt, scheint von großer Bedeutung zu sein. Häufig macht sich der Patient Sorgen, die Umgebung könne nicht für alle Tiere passend sein, für die, die zu Lande und zu Wasser oder in der Luft leben. Bei einer jungen Frau, die sich sehr verschlossen hatte und sich ihr Leben lang gesellschaftlich angepaßt hatte, trafen sich die Tiere die ersten beiden Male in einer Höhle. Ihr nächstes Treffen fand unter Wasser im Meer statt. Schließlich trafen sie sich auf offener Ebene. Diese Veränderung ging Hand in Hand mit ihrem allmählichen Zugeständnis, sich zu erlauben, daß sie immer mehr bereit war, ihre eigene Individualität zur Geltung kommen zu lassen.

Die Versammlung der Tiere hat auch eine enge Beziehung zum Gelände: Bäume, Berge, Himmel und Sonne. Oft versammeln sich die Tiere um ein zentrales Feuer. Auch das Feiern spielt bei ihren Versammlungen eine wichtige Rolle. Manchmal, wenn eine bedeutende Entwicklung stattgefunden hat, feiern sie dies spontan und tanzen im Kreis um das Feuer, manchmal geraten sie so in Schwung, daß ihre Individualität verschwommen erscheint und sie dem Patienten als eine Einheit von geballter Energie erscheinen.

Ein letzter Aspekt dieser Arbeit muß unbedingt noch erwähnt werden: die Verwandlung. Wenn eines unserer Tiere sich entwickelt und verändert, entwickelt sich etwas in uns und verändert sich.

Manchmal findet diese Umwandlung dadurch statt, daß sich das Tier einfach in ein anderes Tier verwandelt, vielleicht mehrere Zwischenstadien durchläuft, bevor es sich endgültig in der neuen Form stabilisiert. Manchmal verschwindet das Tier oder es geht weg und zwingt damit den Patienten, sich den Problemen des Verlusts, des Gehenlassens zu stellen und damit auseinanderzusetzen. Vielleicht durchläuft es auch einen ganz offiziellen Tod und eine Beerdigung, wobei das neue Tier im Anschluß daran in Erscheinung tritt. Es kann sich auch in der Erde auflösen, und das neue Tier wächst dann aus der Erde.

Manchmal vollzieht sich auch eine Umwandlung, indem das alte Tier vom neuen gefressen wird und die Eigenschaften des alten Tiers auf das neue Tier in erweiterter Form übertragen werden. Die Ähnlichkeit mit Indianergeschichten über Umwandlung durch Nahrungsaufnahme ist sehr interessant (Storm, 1973). Doch solche Umwandlungen unterscheiden sich von den Fällen, bei denen ein Chakra-Tier ein anderes auffrißt, um Kontrolle über dieses zu bekommen. In diesem Falle ist das Ergebnis eher eine Beschränkung als eine Erweiterung.

Diese beiden Formen der Umwandlung durch Nahrungsaufnahme waren in einer Reihe bewegender Visualisierungen erkennbar. Eine Frau in den Vierzigern, die im Südwesten lebt, begegnete ihrem Scheitel-Tier, einer giftigen Wolfsspinne namens Magna. Sie verstand die Wolfsspinne nicht, akzeptierte sie nicht, so daß ihr Kopf-Tier, ein Adler, die Wolfsspinne auffraß. Bei einer späteren Sitzung trat die Wolfsspinne wieder in Erscheinung, doch bei dieser Gelegenheit stand die Patientin ihr nicht mehr so abweisend gegenüber und sie bemühte sich, sie kennenzulernen, ja sich in sie zu verwandeln, so daß sie sich vorstellen konnte, wie es war, eine Spinne zu sein.

Bei der nächsten Sitzung fragte die Frau ihre Tiere, ob sie ihr dabei helfen würden, bejahender zu werden. Sie stand in der Mitte ihres Kreises und bat alle Tiere, ihr Licht auf sie zu strahlen. Jedes bestrahlte sie mit seinem Licht, das von ihren Herzen ausstrahlte und sie hüllten sie in das Licht ein. Sie berichtete: »Als sie ihre Energie auf mich richteten, fühlte ich mich ungeheuer leicht und hochgehoben – voller Stärke und Glück.«

Als sie das nächste Mal den Tieren begegnete, war die Wolfsspinne nicht dabei, doch eine kleine Wüsteneule saß auf einem Ast neben ihrem Kopf-Adler. Als sie sich auf einer Wiese versammelten, gesellte sich die Eule nicht zu ihnen. Später beschrieb sie die Situation so: »Mein Kraft-Tier war ein großer alter Hirsch mit einem schweren Geweih, das seinen Kopf herunterdrückte. Ich spürte regelrecht seine schmerzenden arthritischen Knochen und Gelenke. Er war überall mit alten Narben übersät. Er hieß Cary in der Ableitung von caring (fürsorglich) und carrying (tragend). Ich fragte ihn, was seine Narben bedeuteten. Er erklärte mir, das seien alle die Kränkungen und aufgestauten Dinge, die ich nicht loslassen könne. Ich fragte ihn, was wir tun könnten, um sie zu heilen und er sagte, wir sollen ihn in unser Licht hüllen. Er geht in die Mitte des Kreises, und wir lenken alle unsere Energie auf ihn. Er sieht so erschöpft aus, sein Kopf ist so schwer. Als er so dasteht im goldenen Schein unserer Energieübertragung sieht er plötzlich jünger aus, stark, heiter, sein Fell ist glatt und glänzt, die Narben sind verschwunden. Seine Gelenke waren arthritisch und seine Knochen brüchig, ich fühle, wie sie zunehmend stark und gesund werden.

Sein Geweih wird leicht, wie eine goldene Filigranarbeit. Seine Hufe funkeln. Ich gehen zu ihm und umarme ihn. Er ist sehr anschmiegsam, freundlich und aufmerksam, doch er bittet mich, an meinen Platz zurückzukehren, und wir sollen ihm nochmals unsere Energie übertragen. Ich entspreche seinem Wunsch und unsere Energie wird ein goldener Staubwirbel, der Cary einhüllt. Er erscheint darin verschwommen. Der Glanz löst sich auf. Alle anderen Tiere sehen erwartungsvoll aus. Zuerst denke ich, niemand ist da, als das Licht schwächer wird, doch dann entdecke ich ein winziges geflecktes Kitz, das gerade geboren wurde und versucht, auf die Füße zu kommen. Alle Tiere heißen es willkommen. Das Känguruh (das Darm-Tier) möchte das Kitz in seinen Beutel stecken. Ich frage das Kitz, ob es Cary sei und es sagt: »Ja, aber ich heiße jetzt Carrie.« Carrie ist ein weibliches Kitz. Es steht jetzt sicherer auf den Beinen, und die Eule fliegt von ihrem Ast herunter und setzt sich auf Carries Rücken. Ich frage die Eule, was sie darstellt. Sie sagt, sie sei das Wissen, das Cary benötigte, um sich zu verändern, damit ich die Kränkungen loslassen könne. Sie sagt, dies gehöre alles zur Bejahung, meint: »Die Bejahung ist das Verfahren und das Verfahren als solches ist Bejahung.«

Dann verschwinden sie und Carrie im Maul des Wals (der Wal ist ihr Herz-Tier). Die Eule sagt, sie müssen etwas Zeit mit dem Wal verbringen und wir übrigen können nach Belieben bleiben. Das Känguruh und die Löwin (das Grund-Tier) gehen mit Carrie und der Eule. Ich bleibe mit Abel (der Adler ist das Kopf-Tier) und Amelia (der Falke ist das Kommunikations-Tier) auf der Wiese, und sie putzen sich gegenseitig.

Nach einer Weile öffnet sich das Maul des Wals und Carrie, die jetzt viel größer ist, das Känguruh und die Eule, die alle auf dem Kopf der Löwin sitzen, tauchen auf. Die Eule sagt mir, daß die Löwin sie jetzt brauche.

Schließlich bemerke ich, daß die Wolfsspinne nicht dabei ist. Ich frage die Tiere, ob sie wissen, wo Magna sei. Die Eule sagt, sie habe sie aufgefressen, sie sei nicht Abels Art des Wissens. Sie sei das geistige Wissen, das Magna gehabt habe, sowie die Wärme und Aufnahmebereitschaft der Wüste. Magnas Rätselhaftigkeit wurde noch ergänzt durch den Regen, die Sonne, die Überschwemmungen, den Staubwirbel und die Einsamkeit und wurde etwas mehr »summa cum Schönheit«, was die Spiritualität darstellt. Sie bleibt mit der Löwin zusammen, die ihrer Aussage nach zu sehr mit Jagen und der Pflege ihres Jungen beschäftigt war und bejahender sein muß.«

Bei mehreren unterschiedlichen Anlässen haben das Scheitel- oder das Kopf-Tier zu verstehen gegeben, daß ihr ureigenstes Wesen die Umwandlung ist. Bei einem jungen Mann stellte das Scheitel-Tier ein Wesen dar, das er als »Chamäleon-Mann« bezeichnete. Es hatte die Eigenschaft, als jedes Tier erscheinen zu können, aber auch als Mann. Es informierte meinen Patienten, daß seine fundamentale Eigenschaft die Verwandlung oder Umwandlung sei, und es die Aufgabe habe, ihn über die Dimension seines eigenen Lebens zu informieren.

Als ich mit dem Mann zu arbciten anfing, zeigten sich seine Kehlkopf-Tiere als drei Gänse und ein Falke. Die Gänse stritten ständig miteinander, daß es schwer war, auf etwas anderes zu kommen. Ich schlug vor, er solle diese vier Tiere fragen, ob sie bereit seien, zu verschmelzen. Der Falke war es, aber nicht die Gänse. Doch bei der nächsten Sitzung waren die drei Gänse bereits zu einer verschmolzen, doch diese war nicht bereit, mit dem Falken zu verschmelzen. Diese Gans war ablehnend wie kein anderes Tier. Ständig stand sie im Mittelpunkt des Interesses und war gewöhnlich uneinig mit den anderen Tieren. Bei jeder nachfolgenden Sitzung ließ ich meinen Patienten die Gans fragen, ob sie bereit sei, mit dem Falken zu verschmelzen, aber sie war es nie.

Zu Beginn einer Sitzung berichtete mir mein Patient von einem Skiausflug, den er gerade gemacht hatte. Er sagte, als er den Berg hinaufgestiegen sei, sei er sich bewußt geworden, daß die Gans immer gegenwärtig war, ihn auf Gefahren unterwegs aufmerksam machte oder warnte. Er sagte, er habe erkannt, daß die Gans lediglich helfen wollte, doch dabei wirkte sie aufdringlich und störend. Ich fragte meinen Patienten, an wen ihn die Stimme erinnerte, und er erwiderte sofort: »An meine Mutter«.

Bei der Visualisierung bat ich ihn, der Gans dafür zu danken, daß sie so um sein Wohlergehen besorgt sei und daß sie ihn beschützt habe, als er klein war, aber er müsse der Gans auch erklären, daß er jetzt älter sei und nicht mehr solche Fürsorge brauche. Er erklärte der Gans, er wolle jetzt mit ihr eine andere Beziehung pflegen, die noch viel wertvoller sei. Sie solle ihn darauf aufmerksam machen, daß er sich entwickeln müsse, insbesondere in schwierigen Umständen. Die Gans war überglücklich über diese neue Aufgabe.

Daraufhin war die Gans bereit, mit dem Falken zu verschmelzen, aber sowohl die Gans als auch der Falke sagten, sie hätten keine Ahnung, wie sie das anstellen sollten. In diesem Augenblick trat plötzlich der Chamäleon-Mann auf und sagte: »Hierher, ich weiß, wie es geht. Gans und Falke, ihr müßt euch beide mir gegenüber aufstellen. Jetzt schließt ihr beide eure Augen. Du, Gans, machst zwei Schritte nach links und du Falke, zwei nach rechts.« Als die beiden Tiere taten, wie ihnen befohlen wurde, erlebten sie, daß sie sich überlagerten. Dann befahl ihnen der Chamäleon-Mann, die Augen zu öffnen. Sie waren verwirrt über ihre Identität, worauf sie sich in eine Eule verwandelten. Die Eule stellte sich als stark, sehr bewußt und weise heraus, und das überfürsorgliche ›Gewissen‹ des Patienten hörte auf so lästig zu sein.

Die Umwandlung ist das Schlüsselerlebnis bei der Persönlichen Totempfahl-Methode, denn die Veränderung ist erforderlich, damit man sich weiterentwickelt hin zum gegenwärtigen Augenblick, sich zurückverwandelt in seine ursprüngliche Ganzheit: die Vereinigung aller Teile der wesentlichen Elemente, zu der Einmaligkeit die man darstellt.

Ich beobachtete Patienten, die erstaunliche Verwandlungen erlebten, als Resultat ihrer Bereitschaft zur Teilnahme an einer vollkommenen Beziehung zu den Tieren. Die Menschen verlassen die unbehagliche Dimension der aufgezwungenen Konformität und kehren zurück zu den Grundzügen ihres eigenen inhärenten natürlichen Wesens. Dabei bekommen sie eine starke Ausstrahlung. Ihre ursprüngliche Schönheit kehrt zurück; die Schönheit, die ein Kind besitzt. Eine Schönheit, die nicht von der Selbstdarstellung abhängt, sondern die vom Sein ausstrahlt, ausschließlich vom *Sein*.

16
Die Zukunft

In den Seminaren und Schulungen, die ich in den letzten sieben Jahren abgehalten habe, erlebte ich wunderbare Dinge. Die Menschen entwickelten in dem Bestreben, ihre Visualisierung miteinander zu teilen und Respekt dafür zu entwickeln, auch für die Visualisierung der anderen, eine herzliche Beziehung zu anderen. Oder deutlicher ausgedrückt, sie werden sich der engen gegenseitigen Beziehung, die bereits besteht und jetzt zutage tritt aufgrund der intensiven Visualisierung bewußt. Die Menschen kehren zu ihrer ursprünglichen Familie zurück, zu der menschlichen Familie, die die Schönheit und Vertrautheit in Bezug auf die Äußerungen über das gemeinsam Erlebte einer Visualisierung verstand. Die Menschen bilden kleine Stämme, inhärente Gemeinschaften, übernehmen persönliche Verantwortung für ihr eigenes Ich und bringen diese Person in ihrer Entwicklung weiter, mit Hochachtung und Respekt. Diese Menschen fangen an, das zu bilden, was ich unter dem Kern einer echten Gemeinschaft verstehe: nicht nur eine Gruppe von Menschen, die durch Herkunft oder Umstände zusammengewürfelt wurden, sondern eine Zusammenkunft von Menschen, die ihre innewohnende, starke Zusammengehörigkeit in einer Welt erkannt haben, in der die Entwicklung wohltuend und kreativ ist, solange sie bereit sind, zu ihrer Entwicklung beizutragen, statt sich ihr entgegenzustellen. Es geht hier nicht um eine Entwicklung, die durch den Intellekt bestimmt wird, eine falsche Entwicklung, die darin besteht, sich zu einer bestimmten Verhaltensweise zu drängen oder ein bestimmtes Ergebnis anzustreben, sondern es geht hier um eine Entwicklung, die aus dem tiefsten Inneren kommt, von der Stelle aus, die immer die Quelle der Entwicklung, der Kreativität, der Erschaffung und Originalität gewesen war, dieser Ort des Dunkels, der Geheimnisse und der Schönheit. Und dann wird die Einmaligkeit unserer Zusammengehörigkeit stark empfunden und hochgeschätzt, genau wie die Zusammengehörigkeit aller Dinge und Wesen im Universum. Wenn wir diese Ganzheit würdigen und respektieren, dann werden wir selbst ein Ganzes, und wir beginnen die Ganzheit des Universums zu erleben und uns selbst als einen wesentlichen Teilnehmer dieser Ganzheit.

Ich denke hier an eine bestimmte Gemeinschaft, die es sich zur Gewohnheit gemacht hat, die Tiere regelmäßig aufzusuchen, wo jeder als Führer zu den Treffen mit den Tieren dienen kann und wo die Geschichten von den Tieren gepflegt und geschätzt werden. Ein Ort, an dem Menschen aus dem Bedürfnis heraus zusammengekommen sind, ihre Ganzheit wieder zu erlangen und sich um die Weiterentwicklung zu kümmern, was ihr Hauptanliegen ist; hier werden die Gefühle und die Visualisierungen der Kinder nicht unterdrückt, sie werden nicht wie Zirkustiere gedrillt, sondern hier wird ihr intuitives Wissen ihr ganzes Leben hindurch hochgeschätzt, wo man ihnen vertraut, sich zu dem zu entwickeln, was sie ihrer ursprünglichen Bestimmung nach sein sollen. Hier sind Eltern und Lehrer echte Führer für das Kind auf seinem Weg. Sie sind nicht aufgrund irgendwelcher Examina dazu befähigt, sondern weil sie sich selber gewissenhaft darum bemüht haben, sich auf diese Ganzheit hin zu entwickeln. Hier wachsen Kinder in ihre Jugendjahre, die ihren inneren Wert kennen, voller Vertrauen, denn sie werden von der Gemeinschaft geachtet und müssen nicht dem Sinn eines einsamen Dazugehörens durch leere Anpassung nachgehen. Hier wird das Leben noch als ein reizvolles Abenteuer angesehen, was es ist, und hier werden sinnloser Lernstoff, der von Personen vermittelt wird, die in ihrem eigenen Denken verkrustet sind, verworfen. Hier wird dem Geist zugetraut, daß er seine eigenen natürlichen Dimensionen erkennt und die Erziehung als Hilfe dafür dienen soll. Hier führen die Erwachsenen ein erfülltes Leben, da die Entwicklung nie aufhört. Hier zeigen die Älteren wirklich Reife, ihr Bewußtsein und ihr Rat werden geschätzt. Es ist eine Gemeinschaft, in der die Natur und die Erde respektiert werden und als wesentliche Elemente auf dem Entwicklungsweg des Individuums angesehen werden, und wo man, wenn die Zeit gekommen ist, die Reise zu dem Großen Geist anzutreten, sagen kann: »Ja, mein Leben war gut. Ich habe es voll ausgeschöpft und hätte kein anderes gewählt.«

Anhang

Schulung und Bescheinigung in der Persönlichen Totempfahl-Methode

Bei der Persönlichen Totempfahl-Methode basiert die Schulung auf der Voraussetzung, daß für jeden Therapeuten die eigene innere Entwicklung unerläßlich ist. Dem Interessenten werden nicht nur Techniken gelehrt, die vom Intellekt her angewandt werden können, es wird auch vorausgesetzt, daß er seine innere Entwicklung mit solchem Engagement betreibt, daß gewährleistet ist, daß seine mögliche Fähigkeit der Anwendung der Persönlichen Totempfahl-Methode von seiner eigenen Erfahrung ausgeht und nicht nur durch Anwendung irgendwelcher intellektuell erfaßter Formeln.

Die Schulung in der Persönlichen Totempfahl-Methode erfolgt auf vier verschiedenen Stufen.

Die *Einführungsstufe* vermittelt das Grundwissen und führt in die Arbeit mit den Chakra-Tieren ein und die ersten Erfahrungen damit.

Die *Fortgeschrittene Stufe* führt den Interessenten über die Einführungsstufe hinaus, vermittelt Erfahrung in fortgeschritteneren Techniken und subtilere Aspekte der Methode und hilft dem Interessenten dabei, Fertigkeiten zu entwickeln, die nur ihm eigen sind.

Lehrzeit in Seminaren der Persönlichen Totempfahl-Methode vermittelt dem Interessenten die Erfahrung und Unterweisung im derzeitigen Seminar-Ambiente mit dem Ziel, dem Interessenten dabei zu helfen, sich bis zu dem Punkt zu entwickeln, wo er so viel Wissen besitzt, selbst Gruppen-Seminare nach der Persönlichen Totempfahl-Methode zu leiten.

Die *Bescheinigung als Anleiter* basiert auf einer gründlichen

Ausbildung, damit der Anleiter auch andere in der Methode des Persönlichen Totempfahls unterrichten kann.

Für weitere Informationen über die Voraussetzungen für die Ausbildung als Anleiter für jede dieser vier Stufen und die Ausbildungszeiten und -orte wende man sich bitte an untenstehende Adresse.

Dort kann man auch eine Liste der Personen anfordern, die sich als Anleiter nach der Persönlichen Totempfahl-Methode ausbilden ließen.

Das *Institute for Visualization Research*, eine gemeinnützige Bildungs- und Forschungsorganisation, gibt vierteljährlich eine Zeitschrift heraus, *The Totem Pole*, die über Ereignisse und Entwicklungen der Persönlichen Totempfahl-Methode und den damit zusammenhängenden Bereichen informiert. Ein Freiexemplar erhalten Sie unter folgender Adresse:

Institute for Visualization Research
The Totem Pole
Box 15801
Santa Fe, NM 87506.

Quellenhinweise

Die meisten Quellen, auf die sich der Autor bezieht, sind bislang nur in der englischen Sprache zugänglich.

Blyth, R. H., *Zen in Western Literature and Oriental Classics.* New York 1960

Eliade, M., *Shamanism: Archaic Thechniques of Ecstasy.* Princeton 1964

Gallegos, E. S. Animal imagery, the chakra system, and psychotherapy, *J. Transp. Psych.* 1983, 15 (2), 125–136

Gallegos, E. S. and Rennick, T. *Inner Journeys: Visualization in Growth and Therapy.* Großbritannien 1984

Hillman, J., *Re-Visioning Psychology*, New York 1975

Krishnamurti, J., *Schöpferische Freiheit*, Bern 1986

Miller, S., Dialog with the higher self. *Synthesis*, 1978, 2, 122–139

Stewart, H., *Looking at Indian Art of the Northwest Coast.* Vancouver 1979

Storm, H., *Seven Arrows*, New York 1973

Tedlock, D., The way of the word of the breath. *Alcheringa: Ethnopoetics One.* 1975, 2, 4–5

Watkins, M., *Waking Dreams,* Dallas 1984